领先销售

持续成交的核心策略

ELITE SALES STRATEGIES

A Guide to Being One-Up，Creating Value，
and Becoming Truly Consultative

[美]安东尼·伊安纳里诺　著
Anthony Iannarino

王琰　　　译

中国科学技术出版社
·北京·

北京市版权局著作权合同登记 图字：01-2024-0227

图书在版编目（CIP）数据

领先销售：持续成交的核心策略 /（美）安东尼·
伊安纳里诺 (Anthony Iannarino) 著；王琰译 . -- 北京：
中国科学技术出版社，2024. 10.

ISBN 978-7-5236-1001-5

Ⅰ . F713.50

中国国家版本馆 CIP 数据核字第 20243EG057 号

策划编辑	赵　嵘　王绍华	执行策划	王绍华
责任编辑	孙　楠	执行编辑	王绍华
封面设计	东合社	版式设计	蚂蚁设计
责任校对	邓雪梅	责任印制	李晓霖

出　　版	中国科学技术出版社
发　　行	中国科学技术出版社有限公司
地　　址	北京市海淀区中关村南大街 16 号
邮　　编	100081
发行电话	010-62173865
传　　真	010-62173081
网　　址	http://www.cspbooks.com.cn

开　　本	880mm × 1230mm　1/32
字　　数	190 千字
印　　张	9.25
版　　次	2024 年 10 月第 1 版
印　　次	2024 年 10 月第 1 次印刷
印　　刷	大厂回族自治县彩虹印刷有限公司
书　　号	ISBN 978-7-5236-1001-5 / F · 1308
定　　价	69.00 元

（凡购买本社图书，如有缺页、倒页、脱页者，本社销售中心负责调换）

大多数销售类的书籍都遵循固定的套路，即借用哲学家提出的目的论的相关表述。也就是说，作者在写书之前就已经把所有的内容都归结为 A、B 和 C。阐述完事实后，D 就成了明显的解决方案：_____销售，_____卖，通过_____销售。这是一种以自我为中心的方式来表达自己的想法，而没有从动态的角度来阐述自己的观点（不妨看看 30~40 年前的关于销售专业的畅销书）。

安东尼·伊安纳里诺则采取了截然不同的方法。他意识到销售工作中存在着某些紧张的关系，并且这样的紧张关系是永恒不变的，没有任何方法论或实践方法能够避开这些关系。

在这些紧张的关系中，最主要的就是销售人员想要成交的意愿与帮助客户的意愿之间的矛盾。作为销售人员，我们如何做到专业、恪守道德、以客户为中心，同时又能赚取更高的营业收入？大多数销售人员都能从心理上感受到这种紧张，并且还会表现在他们所用的方法和方法论上。例如，以客户为中心很容易演变成以客户为中心的趁火打劫——虽然销售人员的确以客户为中心，但实际目的是趁火打劫，而不是真的服务客户。所以，处理这种紧张关系不会因此变得更加容易，反而会变得更加困难，因为我们生活在一个随时可以获得即时短期绩效指标的时代，可以有无数种方法避免人际接触。

另一个紧张关系是道德和销售之间的矛盾，这也是所有客户公认的矛盾关系。但大多数销售人员都不喜欢反思这种紧张的关系，认为在销售的过程中融入道德元素会降低自己销售的效率。但这种紧张的关系是不可避免的。如果销售人员的工作是影响他人，并且大多数销售人员具有一定的此类技巧，就必然会形成此类的权力关系。除非销售人员单纯地将推销商品给客户和顾客看作自己实现目的的手段（实际上大多数销售人员都心怀善意），否则我们必须考虑客户关系和义务的某些方面，因为销售并不是个人行为。大多数销售人员不知道具体该怎么做（是戳中客户的痛点？与客户讨价还价？还是直接拟定合同？），所以很容易忽略道德和销售之间的关系。

安东尼当然关注到了这些紧张的关系。实际上，他一直用一种"领先"的概念来处理这样的紧张关系，即权力和控制。俗话说，领先某个人意味着你比他们更有优势。这是一个零和博弈的比喻，是一个胜利者在与落后的输家（客户）进行斗争的过程中战胜了对手。

但"领先"也并不是那么简单。一方面，如果你并未在了解某个产品的价值方面领先客户，那么实际的销售过程就是在浪费双方的时间。但是，另一方面，不可能有人对世界上所有话题的了解程度都一直领先其他人。但如果你试图把自己包装成这样的形象，显然就变成了一个没有人会相信的喋喋不休的小丑。有时你实际上是处于落后地位的，你可以试着忽略这一点，或者用谎言掩饰它，但这两种策略都不会改变现实；有时你处于领先地位，有时则处于落后地位。你的目标也不应该只是简单地多处于领先地位，或者是处于落后地位。更重要的是，明白自己何时应该处于何种地位，并有意识地做到这一点。销售就像是跳舞，而不是打赢一场军事战役。

安东尼撰写此书的目的是让销售人员接受这种重要的紧张关系（和其他紧张关系）是一种现实存在的事实，并论述销售人员如何在现实世界中促成对各方皆有利的交易。而且要明白"为了所有人的利益"不是一句随便说说的话。如果你要做的就是在销售"竞赛"中"赢过"客户，那你终将会因此失去工作。没有人喜欢自私的销售人员，而且这些人很快就会原形毕露。安东尼正是因为认识到这条基本真理才成为这群少数的销售作家中的一员，他们真正相信销售人员成功的途径在于帮助客户成功，并始终如一地按照这种方式行事。在面对相反的建议（包括他们自己的销售经理和激励计划措施）时，能从长远的角度来看待问题。

那么，直面这些紧张关系意味着什么？安东尼利用一些巧妙的比喻探讨了销售的各个方面。安东尼大部分的笔墨都在论述思维模式和意图的问题，但也论及了策略、过程、执行、实施和实用的解决方案。毕竟，他曾经从事销售行业很长时间，本书不仅充满了实用的建议，也以第一人称和第二人称讲述了你以前从未听过的引人入胜的故事。

我想要再次引用哲学词语，这并不是一本阐述目的论观点的书，而是一本阐述辩证法观点的书。书中阐述了创造性的辩证紧张关系，每一种紧张关系都是过往的辩证关系所产生的，每一种紧张关系都会导致新的辩证关系，所以就产生了无限的紧张关系。举一个非常恰当的例子，就某个既定的问题来说，若想扭转落后局面，取得领先地位，最有效的方法是向在此方面处于领先地位的客户学习。因此，取得领先地位的关键是要承认自己处于落后地位，并充分利用自己的落后地位。在任何情况下，对最终的结果起决定性作用的是我们如何缓解紧张的关系。引用蜘蛛侠中的本叔叔（Uncle Ben）（借用伏尔泰作品中的人物）的话："能力越大，责任越大。"成交并不意味着责任游戏的结束，实际上，恪守责任才能让你获得权力。

本书不是在介绍帮你成长为一位更称职的销售人员的销售流程、见解或魔咒。销售不是一种魔法，而是一门艺术，而且是人为的艺术。处理人际关系中固有的紧张关系的方法和处理销售中固有的紧张关系的方法十分类似。而事实上，这种紧张关系是相同的。

查理·格林（*Charlie Green*）

我职业生涯的大部分时间都用于培训销售人员使之取得更好的业绩：了解客户的需求，培养洞察力和商业敏锐度，最重要的是，始终用价值换取客户的时间。不过，这么多年来，我暗自许诺：我永远不会教授让一方利用另一方的策略或方法。我非常了解过去的高压、硬性推销的策略，并且我也亲眼看到过许多同事在培训销售人员"不择手段"地操纵他们潜在的客户。

例如，在最近的一次会议上，我看着两名骗子在一个人员众多的会议室里通过向三位潜在客户施加压力，操纵他们购买了一个他们压根就不需要的程序软件。我难掩烦躁，冲出会议室，退房后就乘坐飞机回家了。我所目睹的是一种昧着良心且没有必要的销售行为。这些销售人员其实不必依靠这些肮脏的技巧。他们强迫客户（也就是受害者）处于拒绝购买就会丧失自我和职业身份的危险境地，否则他们无法促成交易。

虽然成为一名领先的销售人员的想法很有挑战性，但它的核心是一种服务他人的道德和义务。所以，读完本书后，我希望你在建立自己的领先地位的时候，也能兼顾策略和道德。用自己的领先地位服务、指导你的客户并和他们分享你的价值——但最重要的是，利用自己的领先地位为客户创造价值。基本的论点就是：我知道一些你不知道的事情，我可以和你分享吗？

目录 | ELITE SALES STRATEGIES

引言

INTRODUCTION

人们会从他们信任的人那里购买东西，做出一个他们不相信自己能做出的决定。

——克里斯·比尔（Chris Beall）

海拔三英里高的地方与落后地位

我站在珠穆朗玛峰的大本营，在海拔 17 000 英尺（1 英尺 ≈ 30.48 厘米）的位置，空气十分稀薄，让人难以呼吸。虽然我无意再爬 12 000 英尺登上地球上最高的山峰，但我也不想错过在顶峰拍照的机会。不幸的是，在游览西藏的整个过程中，我一直饱受高原反应的影响：我的手和胳膊经常突然感到刺痛，就好像长途飞行的时候腿麻的感觉，我不止一次大喘着粗气醒来。我吃了一周的处方药之后，也依旧不见好转，刺痛的情况越来越严重，有一天刺痛的感觉甚至持续了好几个小时。在海拔 3 英里（1 英里 ≈ 1.609 千米）的地方，我越来越担心自己的健康状况。

很快，即便是海拔不那么高的山坡我都难以适应。那天，安排行程和带领我们旅行的向导是一个夏尔巴人❶，他问我是否不舒服。我喘不过气来，艰难地挤出几个字说："我出现了高原反应。我感到浑身刺痛，难以呼吸。"他回答说："你有吃治疗高原

---

❶ 夏尔巴人（Sherpa）藏语意为"来自东方的人"，散居在喜马拉雅山两侧，主要在尼泊尔，少数散居于中国、印度和不丹，语言为夏尔巴语，文字使用藏文。——编者注

反应的药吗？"我从口袋里掏出一盒小药丸，解释说医生开了这些药给我。那位夏尔巴人看了一眼我的药，确定地说："就是这些药才让你生病的。把这些药扔掉，加快脚步，这样就可以吸入更多的氧气。"加快脚步？我放慢脚步都不可能爬上这座山！但是我知道，这个时候我必须做出选择：我是该相信我的向导，还是相信那个医生？

当天早些时候，我参观了这位夏尔巴人的家。房子的一层，有驴和鸡在脏兮兮的地板上走来走去，家里用冒着烟的大肚炉取暖。房子的外面被牦牛的粪便覆盖，这些牛粪被制成馅饼的形状，贴在外墙上，每一面墙都有其中一位家人的手印。在我思考自己所面临的两难境地时，这个细节深深地震撼了我：我是否应该听取一个家里外墙都是牛粪的人所给的建议。我确信我的医生齐默尔曼（Zimmerman）博士，他受过良好的教育，他的家里用了很多传统的隔热材料来保持房间的温度。但是我也知道我的医生甚至从未爬过喜马拉雅山，更不用说珠峰大本营。虽然我的夏尔巴人向导没有正式的文凭，但他以指导游客们攀登珠穆朗玛峰而谋生。

片刻之后，我把药扔进了附近的垃圾桶里，开始加快脚步。我感觉我的肺部在燃烧，而且我越努力往上爬，感觉就越好。我的夏尔巴人向导是对的：我的肺部吸入了更多的空气。即便我所接受的教育和医生在医学院中接受过的教育都有悖于他的知识和经验。但他所拥有的这种专业经验使他处于领先地位，这是比一百个学位都更有价值的资源。

什么是处于领先地位

如你所料，领先的概念来自胜人一筹的想法。《牛津英语词典》将胜人一筹定义为："提出比另一个人更有优越感的方法。"但是，对于本书的论述而言，这个定义并不准确。我的夏尔巴人向导给我的建议并不是试图炫耀或感觉比我优越，而是他的知识和经验的确超越了我和我的医生，因此他对自己的专业知识以及如何帮助我充满信心。斯坦福大学帕洛阿尔托退伍军人医院（Stanford University's Palo Alto Veteran's Hospital）的简·海利（Jay Haley）是家庭治疗的创始人之一，他给出的定义更为恰当，他还发明了策略家庭疗法。20世纪50年代初期，海利在斯坦福大学很幸运地见到了一位学习精神分析的学生（也是病人），这位学生写了一本所谓的关于"胜人一筹的基本原理"的书。海利读了这本未出版的书，并在几年后的一篇文章中介绍了书中的内容。他是这样总结道："胜人一筹"捕捉到了"任何人际关系"中的动态：

一个人总是竭力使自己在这段关系中处于比另一个人"优越的地位"。这种"优越地位"并不一定意味着社会地位或经济地位上优于对方。它也不意味着智力上的优越，因为任何在印度摔跤比赛中被肌肉发达的垃圾清洁工"击倒"的知识分子都明白这

一点。"优越的地位"是一个相对的术语，它在持续的关系中不断地被定义以及重新定义。**❶**

在本书中，我们将运用领先地位的想法创造更高的业绩，通过使用必要的现代销售方法帮助潜在客户做出更高效的决定，使他们明确自己应该如何做出改变从而取得更好的结果。在珠峰大本营中，我的夏尔巴人向导就处于领先地位，而我处于落后地位，不仅是因为他在登山方面的知识和经验远胜于我，而是因为他的建议能够为我创造价值。如果我的夏尔巴人向导需要我提供复杂的销售或销售领导力方面的帮助和指导，那我将处于领先地位。通常，需要帮助并愿意为此付费的人处于落后地位。当你的知识和经验优于客户并能因此使客户受益时，就处于领先地位，你的专业知识也因此变成了无价之宝。

领先销售的道德准则

如果没有良好的道德基础，那你未来会发现本书中所介绍

---

❶ Jay Haley, 引自 Jay Haley Revisited, ed. Madeleine-Richeport Haley and Jon Carlson（New York：Routledge, 2010），p. 6.

的强大策略和方法不一定会带来较好的销售业绩。首先回顾一下我与夏尔巴人向导的互动，没有证据表明他认为自己比我更有优越感，即使他的身体能力和适应大山环境的能力远强于我。他和我（或齐默尔曼博士）并不存在竞争关系，也不是在炫耀。相反，他用自己的经验知识向我提供帮助，经验知识是一种基于长期经验所形成的知识。在这种情况下，他明白我所经历的痛苦的根源：我错误地相信了我治疗高原反应的药物。他处于领先地位的建议促使我调整了自己的想法和行为，并且改善了我的健康状况以及使我收获了愉快的旅程。

在销售领域，我们的潜在客户不愿意成交，是因为他们对自己的处境缺乏清晰的认知，所以做出了错误的决定。"领先"并不是让你因为客户过去的错误或犹豫很久才去修正自己的错误而去评判客户。反之，是让你用"领先"的方法来帮助他们修正自己的工作，借此帮助他们取得更好的结果。你之所以需要占据领先地位，唯一的原因是要帮助客户在他们的业务中取得领先地位。正如我的朋友查理·格林在序言中所说的那样，这种态度对于成为一名值得信赖的顾问至关重要。格林认为成为一名值得信赖的顾问需要具备可信、可靠、亲密和他人导向的特质。占据领先地位也意味着善于提供资源：提供资源不仅有助于解决问题，还能在第一时间提高解决专业问题的能力。

换句话说，你有责任帮助客户占据领先地位。你的领先建议可以帮助决策者和决策执行者向他们的团队解释他们的决策，形成共识。它能使你的客户在内部对话中占据领先地位，从而使他们的公司在市场中占据领先的地位，并利用你的建议使公司保持竞争优势。你可以通过帮助他们理解自己的行业、做出最好的决定、创造更好的结果来实现这一切。

反思：你是否处于落后地位

当你的客户向你讲述他的公司和所处的行业时，你只能短暂地处于落后地位，持续地处于落后地位会给你和你的客户带来不利的影响。为了避免出现这样的结果，你需要了解以下可能使你处于落后地位的想法和行为。以下的几项风险非常值得你花费一定的时间和精力来了解。

● **缺乏相关知识。**本质上说，如果你的潜在客户比你更了解他们需要做出什么样的决定，你就处于落后的地位。既然了解自己的公司以及拥有解决方案的相关知识不足以使公司摆脱困境，客户自然就不会雇用一位甚至还不如自己了解公司的导师。虽然你不能成为一位"百事通"来弥补自己的不足，但你的确需要成为一位"非常了解这个领域"的人。最终，必须成为专家才能处于领先地位。

- **不了解决策的因素**。如果你不了解客户必须考虑的因素，就不可能处于领先地位。决策者的任务就是做决定，所以你只有处于领先地位时才能确保自己做出合理的决策。

- **缺乏深度的理解**。你或许会认为你提供的解决方案就是自己为客户创造的价值。你甚至可能因为自己发现问题的能力而感到自豪。这种老旧的方法不足以刺激客户的购买偏好，因为你无法通过这种过时的方法真正满足客户的需要：洞察力。你之所以能处于领先地位，是因为你有能力帮助客户更好地了解他们的世界和问题的本质，因此你可以在不确定的世界中为他们创造前进所必需的确定性。

- **没有从经验中吸取教训**。处于领先地位的销售人员意识到销售不仅是一份工作，还是一种技艺。如果你不关心自己的成功和失败，那就很难付出必要的努力和关心。掌握技艺的前提是从经验中吸取教训，利用自己的经验教训来造福客户。

- **过时的销售方法**。如今，对于成交而言，销售的方式比销售的商品更重要。传统销售方法过于公事公办，无法为客户提供所需的专业知识和建议，所以你从一开始就处于落后地位。如果你的销售方法能够创造更多的价值，客户根本不会考虑向其他人购买产品，这时你就会处于领先地位。

- **缺乏信心**。在正确行事和贯彻执行方面，信心都至关重要。如果你对自己的建议和专业知识缺乏信心，那就无法说服客户相信你是帮助他们提高业绩的合适人选。客户需要确定性才会过渡到销售流程的下一个环节，所以他们一定不会从充满不确定性的销售人员那里购买产品。

● **极度渴望成交。**你越是想要促成交易，客户就越会认识到你处于落后地位。由于极度想要完成销售任务而表现出的恐惧行为恰恰说明了你缺乏力量和能力。若你想处于领先地位，那么你对于渴望成交的表现不能盖过客户对于咨询的需求。对此，最有效的补救办法是创造大量的机会，避免让自己对客户成交的需求超过客户对自己咨询的需求。

● **害怕客户。**大多数通过电子邮件向潜在客户销售的人都处于落后地位，因为他们担心打电话会使自己遭受某种形式的伤害，所以他们有所恐惧。鉴于在销售中，销售人员的大部分经历都是和陌生人打交道，所以专业的销售人员很少会有这样的恐惧！如果你害怕自己的客户，则永远不会处于领先地位，因为你永远无法领导客户或为他们提供所需的指导。相反，你应该害怕让客户经历失败，但如果你处于落后地位，势必会让客户经历失败。

● **不惜一切代价地顺从客户。**害怕客户的销售人员经常在领导客户时退缩，不敢领导他们的客户。相反，他们会尽力遵从客户的指示，接受他们的命令。也许你的职业生涯是从快餐店收银员开始的，但你不会一直从事收银员的工作！处于领先地位意味着带领客户做出决定，因为你处于领先地位，所以你比客户更了解他们应该如何创造更好的结果。

- **避免冲突。**客户并不总是对的：有时，客户的一些计划会损害他们的利益或无法改善他们的现状。处于落后地位的销售人员即便发现了问题，也会保持沉默以防引起冲突，被动地看着客户犯错。但当客户出错时，他们需要一个"领先"的人来勇敢地纠正他们的错误。因此，占据领先地位需要你运用外交手腕，在不打击客户自尊心的情况下指出其问题所在。

- **逃避责任。**人类都擅长将自己的错误归咎于他人或者其他原因，失去一份大合同也会如此。逃避责任当然也是处于落后地位的明确迹象：你很有可能因为不能为客户创造更大价值而失去这笔订单。领先意味着认同这样的信念：如果你享受你的胜利果实，那么你也必须为你的失败负责。只有当你同时承担这两种责任时，才能找到改善现状的方法。

你可能认为这些特质和实践是老生常谈，但本书还提供了其他的方法。本书后续章节也恰好以此为切入点：你会了解到一些其他的策略、方法和谈话记录，它们将为你占据领先地位提供帮助。

没有人想和处于落后地位的人合作

在和你见面之前，你的客户有时会对你的个人和专业价值进行评估。如果他们愿意与你见面，一定会祈祷你能高效地利用他们的时间，并通过有益的对话为他们创造价值。你唯一能让谈话有价值的方法就是让谈话对客户有价值，所以在谈话之初不要用一种落后的姿态和潜在客户交谈。

例如，一个销售人员开始打电话推销时说："能耽误您27秒吗？"这种电话让客户听起来好像是在开玩笑，而不是认真地做销售。同样地，电话开头说"现在方便吗？"或者"现在不方便吗？"也表明自己处于落后地位。这些方法的内核就是恐惧，表明销售人员想要通过噱头或技巧来促成交易，因为它们无法提供更多有价值的东西。"向您介绍我们的公司以及我们与贵公司相似的公司的合作经历，了解您和您的公司，并讨论我们如何能帮助您。"这种陈旧的方式丝毫没有任何的价值。

处于落后地位的销售人员就像是乞丐。他们想要与客户碰面的需求远超过客户对其提供帮助的需求。毕竟，传统的销售方法只关注如何解决销售人员的问题，但领先的方法意味着努力解决客户的问题，特别是那些超出预先商定好的解决方案的问题。"领先"的销售人员打心底里相信，客户能够从与自己的合作中受益，这种信念使他们能够自信地要求会面，并提供客户欣赏的价值主张，从而使客户从日程表中挤出时间与他们碰面。比如：

早上好！我是XYZ公司的安东尼·伊安纳里诺。我今天给您打电话是想和您约20分钟的会面，会中我可以和您讨论一份执行简报，关于在未来 18~24 个月内对制造商产生最重大影响的 4 个趋势。此外，我还会给您一份幻灯片以及我们向客户提出和回答的问题，这样您后续就可以与您的管理团队共同讨论上述事宜。即使没有确定下一步该如何行动，您也将知道要开始了解哪些内容，您也会知道自己需要您的团队开始做什么。星期四下午见面您看怎么样？

处于落后的销售人员为何无法成交

让自己处于落后地位的最简单方法就是拒绝承认自己是所有问题的根源。如果你因为透支支票账户支付了 35 美元的费用，却声称银行让你花了比以前更多的钱，简直非常荒谬。这么说可能会刺痛一部分人，但你不会因为价格太高、公司刚刚起步，或者幻灯片不够华丽而失去这笔大订单。反之，客户之所以不与你成交，是因为你无法在销售对话的过程中为其创造价值，从而使自己保持领先地位（对了，那些漫无边际的邮件和哽咽的语音邮件也同样无济于事）。你或许是一个了不起的人、一位伟大的父母、一位优秀的员工，更或许是一位了不起的卡拉 OK 歌手，但你并没能创造足够的价值使客户愿意和你进行下一次的见面。

不管你是否赞同，销售是否成功取决于个人，而不是情境。两名销售人员在同一家公司工作，听命于同一位经理，向同一类型的客户销售完全相同的产品或服务，并且价格、佣金和竞争对手等所有因素都完全相同。但是，努力处于领先地位的人通常会发现自己处于员工排行榜的前列，而处于落后地位的同事则在排名底部苦苦挣扎。或许更重要的是，她会抓住任何可能的机会为自己的失败开脱，而不会反问自己，为了赢得交易，自己应该做些什么。

各章概述

我不仅会分析让你处于落后地位的原因，还会对领先方法进行详细介绍。学习领先方法的重要结果是，你会将自己定位为最能帮助客户做出重大决策并改善其结果的人。第一章解释了让你处于领先地位的现代销售方法。这种咨询方式要求销售人员不仅能提出好的问题，还要能提供专业的意见和建议。要执行此策略，销售人员必须拥有比潜在客户更广博的知识和经验。在第二到第十一章中，我将分别在各个章节中介绍一种实用的策略，共计十种策略来帮助你占据领先地位。

第二章——领先的销售对话：销售人员创造价值的唯一工具。你会发现，这是本书所阐述的最重要的方法之一。销售人员只能通过销售对话为客户创造价值并培养他们向你购买产品的偏好。通过你的领先地位、建议和推荐，帮助客户做出更好的决定，并创造更好的结果。

第三章——洞察力和信息差。有些人认为互联网消除了销售人员和客户之间的信息差。但事实并非如此，因为客户比以往任何时候都需要更多的信息，但是，这是另一种不同的信息。这个策略使你开始教会潜在客户知道他们需要什么信息才能改善他们的结果。

第四章——帮助客户发现问题。发现问题的本质已经发生了变化。发现问题并不是确定需求或问题，而是帮助客户了解自己、熟知他们的业务、贯彻他们的决策和争取他们的结果等。若想成为一名优秀的导师，不仅需要占据领先地位，同时也必须是一位好学生。你还有很多东西要向客户学习，这是销售人员提高自身优势的方法之一。

第五章——销售人员作为建构感知者的作用。随着世界变得越来越复杂，销售人员的领先地位使利益相关者通过你提供的专业咨询来更清楚地理解自己面临的问题。客户也将会看到他们此前从未见过的东西，并且是处于落后地位的销售人员无法向他们展示的东西。

第六章——占据领先地位的优势。在第六章中，你将了解如何通过帮助他人购买的经验来指导客户获得更好的结果，防止他们犯下危及未来结果的错误。潜在客户会发现你的建议比他们从用传统方法销售的竞争者那里听到的建议更有价值，这些竞争者仍然认为客户做出的是一种直接的决定。

第七章——打造自己的领先地位。这一章介绍了识别和建立洞察力的路线图，以及从第一次沟通客户就将你定位为领先地位的执行简报，并使你一直保持领先地位直到签约仪式。在本章中，你需要为开始使用现代销售方法做好必要的准备工作。

第八章——提供推荐的领先指南。作为一名值得信赖的领先顾问，你必须在全过程中为买家提供领先的建议和推荐，帮助引导他们的行动和决策。你的建议和推荐必须不仅仅是"从我的公司购买我的解决方案"，才会创造更大的价值。

第九章——领先的义务：主动促使客户做出改变。过时的销售方法使销售人员产生一些反应迟缓的想法。这些想法会促使销售人员采取惯例的做法，比如发现问题和确定潜在客户，或者等到客户准备购买时再帮助他们改变糟糕的策略。成为一个值得信赖的顾问意味着用你的"领先地位"促使客户做出改变，防止潜在客户在被迫改变之前蒙受不改变带来的损失。

第十章——三角策略：在避免竞争的同时帮助客户做出决策。领先地位的方法非常有效，但鲜有人知，销售人员从未学习或培训过相关的内容。三角策略将你从竞技场的位置提升到管理者的位置，你不再是一位单纯的竞争者，而是仲裁者和最终权威。你的客户会发现他们在理解自己的决定和选择方面处于优势地位。

第十一章——借助领先地位帮助客户做出改变。对你的领先地位的终极考验能促使客户做出改变。这种变化不仅仅是更换合作伙伴或解决方案，而是改变他们的信念、行为和结果。最需要改变的是客户的组织内部。当客户组织的内部做出改变时，你就能处于领先地位，客户也会因此取得更好的结果。

第十二章——给目前处于落后地位的销售人员的几点建议。如果你目前还未处于领先地位，本章将加快你的发展，让你逐步成为能够提出真正咨询建议的顾问。若想处于领先地位，必须做值得做的工作，做客户认同的工作。

平等的会议

在某种意义上，你和客户处于平等的地位。你是你所在领域的专家，客户是他们所在领域的专家。你只是在帮助客户提高他们的结果方面恰好处于领先地位。客户是他们行业和业务的专家，在他们的领域内当然处于领先地位。这种"领先和落后"地位的结合让你和客户共同合作、产生最好的结果、解决问题、应对挑战和利用机会。

领先并不意味着冲突、欺骗或支配。相反，一个拥有专业知识和经验的人肩负着服务客户的责任，成为被需要的销售人员，能为客户提供良好的忠告、建议和推荐。就像老师、医生，甚至夏尔巴人一样，领先的销售人员能够帮助他们的客户做出更好的决定，取得更好的结果。经验和知识是伪装不出来的，客户几分钟内就能判断出你所言是否属实。为了占据领先地位，销售人员最应该做的就是：认识到自己在哪些方面处于落后地位，然后从别人的指导和专业知识中学习，继而提升自我。

第一章

现代销售方法

21世纪的文盲，将不再是不识字的人，而是那些不学习、不肯清空自己、不愿重新学习的人。

——阿尔文·托夫勒（Alvin Toffler）

在过去 75 年左右的时间里，专业销售行业已经取得了蓬勃发展，使用现代销售方法是最有效的彰显销售人员领先地位的方法。尽管如此，许多销售人员仍然采用两种较老的方法（传统的滞后方法和传统的解决方案）。有些销售人员之所以处于落后地位，其中一个原因是他们依然使用传统的方法进行销售，因此无法为客户创造更好的结果。在本章中，我们将研究为什么传统方法使销售人员处于落后地位，以及现代的销售方法如何能帮助销售人员占据领先地位。

传统的滞后方法

即使是传统滞后方法中最新的战略和方法，距今也有 50 多年的历史了，其中某些元素甚至可以追溯到 20 世纪 20 年代。这种方法以信息差的概念为基础，即因为客户缺乏公司产品或服务的信息，所以他们需要与销售人员见面，了解现有的产品或服务。在第三章中你也会读到相关的内容，这种差异使得销售人员可以利用顾客。

潜在客户需要购买正在出售的东西，这样的现实情况使得过去的交易更像是一种公事公办的行为，就像许多企业对待消费者的购买行为一样，但是这种交易性的模式不能为 B2B 销售创造应有的价值水平。采用传统滞后方法的销售人员接受的训练是寻找"决策者"，即有权决定合同签署并确定付款的人，消除他们的反对意见，完成销售。销售过程从回答"为什么选择我们"开始，销售人员试图通过谈论其所在公司的历史和优势来证明自己的可靠性，说服潜在客户购买产品。在 20 世纪 50 年代至 60 年代，潜在客户无法浏览公司网站，销售人员需要向潜在客户介绍公司产品和服务的详细信息。销售谈话的价值仅限于销售机构出售的产品和服务，这是成交的关键。事实上，如果你仍然通过谈论你的公司和产品来开启销售对话的过程，那么这种策略就是纯粹的传统滞后策略。传统方法的主要原则之一是拒绝提供"免费的咨询"，但这样的想法不仅会降低你的价值，还会使你无法占据领先地位。

传统的解决方案

随着环境的变化，公司会对他们的供应商或合作伙伴提出更多的要求，这也就意味着客户认为供应商应该承担超出自己合理预期的更多义务，新的传统解决方案能够为客户和销售组织创造更大的价值。发现问题的观念恰好验证了这一时期的重要转变。与销售人员只是分享产品和服务信息的不同之处在于，第一次对话演变成一系列旨在找出潜在客户的不满、痛点或敏感问题。不论是在过去还是现在，这些对话都比传统的落后方法更有价值。如果你的销售对话专注于寻找适合公司解决问题的方案，那么你使用的就是传统的解决方案的方法。

使用旧有解决方案的销售人员依然在努力回答"为什么是我们"这样的问题，只是在回答的过程中加入了"为什么是我们的解决方案"的内容。随着解决方案变得越来越复杂，其对公司的业务结果变得越来越关键，决策者变成了采购委员会或工作组，即一群负责决定购买什么以及向谁购买的人。销售人员不仅要应对反对意见，还需要提供证明来论证解决方案适用于某个特定的客户。在传统的解决方案中，解决方案就是价值，销售人员通过解决客户的问题来提供价值，使双方向协商式的销售方式迈进了半程。

在我们进一步讨论之前，你不必担心自己的方法是不是从两种传统方法中胡乱拼凑而来的。在职业生涯的早期，我自己也使用过这两种模式，在快速的市场变化迫使我采用一种更现代的方法之前，它们确实很有用，能够使我专注于创造足够的价值并促成交易。

现代方法

现代方法是咨询式的方法，需要销售人员付出更多。现代的客户、利益相关者、决策者和决策形成者需要销售人员的帮助来创造更大的价值（即提供更多的帮助）。客户无法从一段不能帮助他们改善决策和结果的对话中发现价值。

销售对话的焦点不再是"为什么是我们"或"为什么是我们的解决方案"。相反，现在的问题是"为什么要改变"和"为什么要现在改变"。与其依赖你的公司和你的解决方案来提高自己的可信度，不如相信自己可以在销售对话中创造价值，现代方法需要用洞察力和独特的视角来武装自己，并了解客户如何才能改善他们的结果。

鉴于销售人员已经了解自己所拜访的公司正在经历什么问题，所以无须帮助客户确定他们的需求或需要解决的问题，现代方法是从帮助客户了解他们的行业开始，行业中有着以持续的、加速的、破坏性的变化为特征的不和谐的状态。通过向客户解释他们所面临的挑战的本质，"领先"的销售人员才能够帮助客户认识到他们需要做出改变，并赋予他们改善结果的能力。需要注意的是，这些结果都不需要你提及你的公司、产品、服务或解决方案。

当你的客户需要做出重大改变时，传统的决策者或采购员是不会做出这样的决策的。项目规模越大、越具有战略意义的举措，就越需要一些更贴近组织共识的东西。你会发现你的客户很少表达反对意见，他们真正关心的是如何面对自己的不确定性，这种不确定性会使客户麻痹自我、停滞不前。若想占据领先地位，就必须解决客户的这些担忧，并确定如何才能改善客户的处境。

领先销售人员的最佳定位是引导处于落后地位的客户取得他们所需的更好结果，所以销售人员必须领导客户。我们将在后续的章节中讨论这些领导策略，但现在，你要明确的是：需要与你的利益相关者进行哪些对话，以便为他们的公司做出最佳决策。你可以将此视为一个敏捷的、便利的、基于需求的买家之旅。传统的方法将销售对话视为一种线性对话，即从确定目标到成交的线性过程，而现代方法则认为：销售对话和决策现在都是非线性的，需要通过占据领先地位实现灵活性。

一位传统销售人员的真实自白

我 15 岁的时候就开始在一家非营利组织从事电话推销的工

作。2周后，我在一家溜冰场找到了一份更好的工作，于是我辞职了。在那2周的时间里，公司给我安排了几项任务——比我所有的同事的任务加起来还要多两项。我不可能特别擅长这项工作，我的成功是因为我的职业道德和我无怨无悔地忍受痛苦的能力。

没过多少年，当我被迫担任外部销售职务时，我被教导和训练如何通过引导客户浏览一份很厚的活页夹来了解我的公司，这个活页夹旨在回答经典的传统问题："为什么是我们"和"为什么是我们的解决方案"。当我真的读给客户听时，我感觉他们非常可怜，他们很有礼貌，没有把我赶出他们的办公室。一位潜在客户在我离开她的办公室时，一直处于紧张状态。我真希望她能有一个良好的健康计划。

后来，我供职于一家市值40亿美元的公司，他们培训我时，教我如何与潜在客户达成单笔订单的交易，即传统的"得寸进尺"的老策略（沙漠的夜晚很冷，当你允许骆驼把鼻子伸到帐篷下面时，你会发现最终自己身边睡了一只不怎么可爱的动物）。然而，在一个角色扮演的练习中，我试图说服区域副总裁把她的所有订单都交给我。培训结束后，我被带进另一个房间，被告知不允许再参加培训。区域副总裁担心我"吓到了那些不敢开口索要订单的销售人员"。我的经理对此一笑置之，因为我们擅长了解客户的全部，更希望获得客户而不是订单。我在销售行业从业整整9年后，才能够帮助我的客户做出更换供应商之外更大的调整。不过，我最终还是找到了"领先"的方法，而且从未回头。

处于领先地位至关重要，因为客户没有理由听取处于落后地位的人的建议，尤其是在做出重要决定和追求更好结果的时候。如果一个销售人员对相关知识和情况的了解还比不上客户，那他又有什么价值呢？在南希·杜瓦特（Nancy Duarte）的优秀著作《共鸣》（*Resonance*）一书中，她认为客户是卢克·天行者❶（Luke Skywalker），而销售人员是尤达宝宝（Yoda）❷。你的客户虽是一位英雄，但目前他略显无知，还无法完成他们的任务，还有亟待解决的问题。而你有更丰富的经验和能力为客户提供所需的帮助。

就我个人而言，比起尤达，我更愿意将销售人员比作欧比旺·克诺比（Obi-Wan Kenobi）❸，也许是因为他的白胡子。无论将销售人员比作谁，销售人员都必须能够按客户所需提供依靠自己专业所洞察的信息，帮助客户成功完成他们的使命。"领先"的销售人员在与潜在客户的销售对话中首先会展示自己的专业知识，着重阐述客户所需的信息。销售人员不必担心分享自己的见解或提供"免费咨询"存在一定的风险，相反采用传统方法会面临更大的风险。此外，销售人员要教会客户如何获取他们想要知道的一切，而不是你自己所知道的一切。

---

❶ 《星球大战》系列电影中的人物。——编者注
❷ 尤达宝宝是电影《曼达洛人》中的人物。——编者注
❸ 《星球大战》系列电影中的人物。——编者注

客户如何发现你处于落后地位

　　若想处于领先地位，仍然面临很多困难。首要困难是没有意识到必须为执行这种方法的战略和战术制订计划。如果没有一套完整的"领先打法"，执行过程就会变得更加困难。客户也能通过你所用的方法意识到你处于落后地位。例如，如果你开启对话的方式是介绍自己公司的信息，那就已经证明了你没有更有价值的东西可以分享。如果你分享的东西无法为客户的未来创造价值，那就处于落后地位。

　　如果你在与潜在客户开始对话时，不顾一切地想要与客户建立融洽的关系，这也正好暴露了你的落后地位。新的销售关系是一种商务对话。你越需要这笔交易，就越表明你处于落后地位。如果你的确非常想要建立融洽的关系，那你就可能处于更为落后的地位，所知道的内容比处于落后地位的销售人员还要少。你的谈话和你问的问题的性质恰恰证明了你处于落后的地位。当你询问客户他们遇到哪些问题时，也恰恰就证明了你是一个外行人。内行的销售人员怎么可能不知道客户会遇到什么样的问题和挑战呢？除此之外，如果你不从说明客户为什么要改变、做出哪些改变以及如何改变的理论观念开始双方的销售对话，那就意味着你处于落后地位。

　　以下是一个简单的测试，可确定你是否处于落后地位：客户是否比你从对话中获益更多？

与客户相比，还有其他一些信息可以证明你处于落后地位。你越遵守由客户或其公司提出的要求，你就越处于落后的地位。当你的潜在客户给你发了一份征求意见书，而你对此也做出了回应，就已经表明了你顺从、卑躬屈膝、服从的态度，最糟糕的是，也表明你处于落后地位。

那么，处于领先地位的人又如何回应客户的征求意见书？他们首先致电发送征求意见书的人，向他们解释说你无法在回答他们问题的同时向他们展示同类型的公司如何帮助客户取得更好的结果。然后，为了确保客户明白自己处于落后地位，需要问他们一个他们无法回答的问题："您执意要用四年前我们已经摒弃的方法来处理这件事，是有什么特别的原因吗？"在他们回答之前，补充一句："您希望我们如何记录我们的方法？"恭喜你，你现在已经处于领先地位了。客户现在关心的是他们不知道的东西，他们已经意识到有人了解他们错过了什么。最坏的情况就是你会被邀请去他们的公司演讲。

需要避免的错误

在你发挥领先优势时，会出现一些常见的错误，所以不妨先解决掉最大的错误再继续向前推进。当你使用领先策略时，就会显得傲慢自大。销售人员要避免成为一个自认为无所不知的人，相反，应该被视为非常了解某一领域的人。你不希望你的客户认为你在某种程度上比他们更优秀。在你帮助他们做决定的过程中，你所拜访的客户不需要感觉到自己处于落后的地位。如果你处于领先地位，任何傲慢的表现都会被另一个处于领先地位的人视为一种挑战。那些未处于领先地位的人也会因此迫切地想要变得重要。执行领先策略的最佳方法是认识到，自己在哪些领域比客户拥有更多的知识和经验，即便他们在十几个或更多的领域处于领先地位，而你处于落后地位。我知道这的确会令你感到羞辱。

客户只是缺少某些信息，而你正好可以提供给他们这些信息，从而帮助他们改善决策和取得更好的未来的结果。如何采取一种更柔和的方法：在与客户分享想法时征求他们的同意，确保你不会伤到那些习惯了占据主导地位的人的自尊心。你也可以让客户与你分享他们的观点，这也是在承认他们的权威。但切记，你们是平等的。

这种方法的最大风险在于，你无法从客户身上学到任何东西，从而理解如何能更好地服务他们——以及你未来的客户。你从客户那里学到了多少东西是让你占据领先地位的一个重要因素。那些想要教导他人的人首先要专注于学习。你必须清楚自己何时应该占据领先地位，何时需要处于落后地位。当别人领先你的时候，你最好通过降低到落后的位置来占据自己的空间，借此让对方帮助你发现此前并未看到的东西。此外，你需要成为一个专家，才能在客户比你更为了解的领域保持领先地位。当你的客户和你分享他们公司的运作方式时，他们处于领先地位。在这种情况下，当你发现自己再次占据领先地位时，你的"落后"姿势可以让你获得至关重要的新信息。

提高领先地位的良性循环

你是你所销售产品的专家，如果你不是，我希望你已经踏上了成为专家的道路，它将改变你的结果和你的生活。你的客户是他们所在行业和职位的专家，这意味着他们在这些领域处于领先地位。通过向你的客户提供他们缺少而又必须掌握的洞察力和信息，来帮助他们取得更好的结果进而占据领先地位。但这并不意味着他们会超越你，而是超过那些对此了解更少的人。对你来说也是如此。当你的客户帮助你了解他们的业务、行业、整体战略和其他十几个话题，也就弥补你的知识和经验的差距，你也因此少了一个落后的领域，多了一个优势，即使你并不具备那些在他们的行业中深耕一生的人所掌握的专业知识。但你比你以前知道得更多，而且很可能比那些处于落后地位的人了解了更多的知识。

　　你根本无须担心教会客户处于领先地位需要掌握的知识。他们不太可能会超越你的优势，因为他们无法获得你销售产品的经验。你的经验比你的客户更深刻、更广泛，他们最多几年才做一次购买决定，而你每天都在帮助客户和潜在客户做出相关的决定。如果你在不同的垂直领域做销售，那么你就掌握了其他人不知道的事情，因为你花了很多时间向客户学习，但你也会发现你缺乏客户所在行业的专业知识。

如何将落后处境转化为领先地位

　　提高个人能力占据领先地位的方法之一就是在需要的时候处于落后地位。在我最初的一份现场销售工作中，我参观了俄亥俄州哥伦布市辖区内的大型配送中心。这里有很多的目标客户，于是我锁定了几个大型的潜在客户，他们都在我所在行业的公司投资了数百万美元。在赢得了这个城市最大的零售配送中心之一后，我正在学习如何更好地满足他们的需求。我的主要客户是一位行业经验丰富的老手，他邀请我参加他的计划会议，这也说明相比于我的竞争对手，他更青睐我。

我完全听不懂对方对话所用的语言。第一，经理和领导们用了很多我听不懂的缩写词。第二，他们用了很多行话。虽然我当时还不理解落后地位的概念，但我明显感觉到自己处于落后地位，感觉无所适从。会议结束后，我请我的主要客户帮助我理解我所听到的内容，特别是"吞吐量"这个术语。猜测这个术语的意思并不难，但对这组人来说，其中蕴含着一个数学方程。他耐心地向我解释，吞吐量是根据运送的产品数量除以劳动力成本计算出来的。他们也设定了吞吐量的相关目标。他还向我展示了他们是如何在电子表格上记分。几周后，我走进了另一个潜在客户的配送中心，问我的主要客户他们在旺季时的吞吐量大概是多少。他被我的问题惊呆了，因为就销售人员的角色而言，没有人会知道要问这个问题。在经营配送中心方面我或许比不上我的这些客户，但相较于我所有的竞争对手，我的确处于领先地位。我起初并不知道学习这些知识会使自己处于领先地位，但我通过让客户教我相关的业务知识，摆脱我的落后地位，从而获得了竞争优势。

向领先的客户学习

销售人员要成功地帮助客户做出改变并取得结果，需要了解很多事情。但至少在以下这三个方面，你需要你的客户帮助你了解自己需要知道什么，以及如何使用这些知识帮助他们取得成功。

行业知识。除非你曾在潜在客户所在的行业工作过，否则客户肯定比你更了解他们的行业。你要做的是成为自己所在行业和客户所在行业的专家。你已经是自己所在行业的专家了，知道行业的底线是什么。你的客户是他们所在行业的专家，他们的知识和经验可以帮助你理解他们的立场。与利益相关方的每一次互动都为你提供了接受特定行业专家指导的机会。当你的客户告诉你他们的行业是如何运作的，他们的行业会出现哪些挑战，以及对他们来说什么才是最佳的改变，你便能获得一定的信息，可以借此更好地为未来做好准备，更好地与其他客户或潜在客户对话。在与新的潜在客户对话的过程中，你如果没有借鉴与既往客户对话中学到的内容，或许你会处于更为不利的地位。

如果你能发现一些公司的信念和理念与同行业的其他公司相冲突，就再好不过了。当你意识到某些方法在某些场景下有效，而在不同的情况下起不到任何效果时，你就掌握了一定的情境知识，从而了解哪些知识是有效的，在什么时候有效，以及需要有什么条件去做某些事情才会成立。每个行业都有一些与其他行业不同的情境知识。你的客户有时也会告诉你他们对自己的业务和行业有何看法，你也能因此置身于客户的情境中，理解他们为什么会以某种方式做某些事情。行业也倾向于有一套自己独有的概念和话语。你希望你的客户教你如何看待他们的业务，如何去说他们的语言。你想要看起来像一个局内人，让客户感觉你是"他们中的一员"。与潜在客户行业内的人员的每一次互动都是一次学习的机会，能够学到一些在现在或未来对你有利的东西。

客户认同哪些内容。客户往往会基于某些假设来运营自己的业务，即便其中有些假设是错误的。这些错误的假设或许一开始并不是错误的，但随着世界的变化，已经失去了自身的价值。如果你了解客户秉承哪些假设，那么能帮助他们调整他们不再准确的假设或许会更为容易。在此，我们假设两种情况：一是这些错误的假设会阻止客户产生他们需要的结果；二是他们认同的假设是正确的。这两种情况对帮助他们提升最终的结果都有一定的价值。

当你就某个计划或项目进行提案时，利益相关者不喜欢你用幻灯片演示，原因是他们更喜欢用不那么假设的假设来盘问你，从而确保你的建议的有效性。在之前的销售对话中，你或许并未捕捉到与行业认知相关的所有问题和相应的答案，所以必须组织自己的知识，增加自己的知识和经验，让自己越来越接近专家，才能让自己更了解客户所处的行业。

引导客户介绍关于公司的信息。还有一个方面你无法领先于你的客户，那就是他们公司的运营方式。除非你的客户是刚刚加入这家公司或刚刚从事这个职位的新人，否则他们会深知在自己的世界里事情的运作方式。在任何一群大部分时间都在一起共事的人身上存在很多内部知识，所以你的客户一定知道哪些是禁忌区域。在帮助客户追求他们需要的结果时，如果你缺乏跨过雷区的知识会使你陷入落后地位，容易犯各种错误，从而给自己招致麻烦。比如，任何对吉米的不容置疑的观点的批评都会使你失去他的支持。除非你能在与客户开会时发现这一点，否则你将永远不会知道尽管吉米如此反对珍妮认为的必要的改变，珍妮依然从吉米身上得到了她所能得到的一切。你的客户对此一定有所了解，只是他们中的许多人缺乏真正的权威，但对他们的同事以及如何在公司内部进行最好的变革有着深刻的了解。之后，你的见解将对你和你的客户大有裨益，并将你置于领先地位，因为你比你的客户了解到了更多的信息。

在与客户会面时忽略所有的所见所闻会使销售人员始终处于落后地位。相反，向客户学习可以帮助销售人员实现占据领先地位的目标。我向你保证，读完本书，你一定会处于领先地位，你会以一种全新的方式珍惜每一次与客户的对话。

第二章

领先的销售对话：
销售人员创造价值的
唯一工具

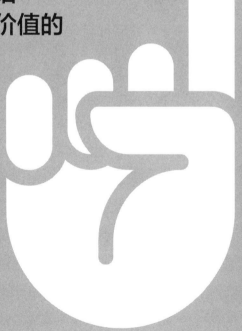

听君一席话，胜读十年书。

——《增广贤文·上集》

领先意味着尝试进行新的销售对话，与过去的客户开启一种完全不同的对话。但新的对话对销售人员提出了更高的要求。对话结束后，你有责任满足客户的需求，而不仅仅是通过对话为成交铺平道路。你无法通过陈旧、过时、不实用的销售方法占据领先地位。如果你不能把自己的洞察力转移给你所服务的决策者和决策执行者，也就无法帮助客户从落后地位转变为领先地位。

有时候，整个销售会议结束后，可能你所分享的所有内容都无法引起潜在客户的注意。你既然都无法引起客户的注意，就更不用说激发他们做出下一步的行动了，其原因在于你提供的信息对他们来说毫无价值。所以，在你努力帮助客户改善他们的结果时，也必须不断提升自己的专业销售方法。当你的方法不能为客户提供更好的价值时，客户就会向他人寻求帮助。

日益复杂的经济以及文化环境带来了持续的、加速的、破坏性的变化，对价值的关注正是对这种经济环境的一种回应。"过去的好时光"之所以如此美好，是因为过去的环境更加稳定。未来看起来与过去并没有太大的不同，但你的客户经历过的复杂性会给他们带来一种错位感和更大的不确定性，所以需要进行销售对话来帮助他们理解自己的行业，并充满信心和确定性地向前迈进。万不可鹦鹉学舌式地重复商品化的脚本，特别是在探索、拜访的过程中，领先意味着领导一个不同的对话，一种处于落后地位的销售人员鲜少能意识到的有需求的对话。

销售拜访的商品化

销售拜访已经完全被商品化了，我们使用的是经济学家定义的"商品"一词。商品是可替代的（意思是可以交换的），市场不关心商品是谁生产的。两样商品一样好，这实际上是一个坏消息。但好消息是，无论什么时候，只要有东西被商品化，就很容易创造出有意义的差异化，把这一东西变成人们关心的东西，因为它更有价值。

以一个典型的销售拜访为例，销售人员走进客户的办公室，用闲聊开启双方的对话，希望建立一种能让彼此更舒服的融洽关系。他们从介绍公司的信息开始，向客户提出一项议程，然后建议客户提出一些问题，从而对客户和他们的公司有"些许的了解"。一旦正式确立了这项议程，我们可以预见销售人员进行的步骤，他们开始吹嘘公司和他们服务过的客户，希望在提出客户的痛点问题之前证明自己值得客户的信赖。后续则是他们实现最终目标的关键：提出解决方案。

想象一下，你的潜在客户对类似的脚本有多么熟悉，他们中的大多数人接听过几十次或数百次传统的销售对话。每个走进他们办公室或会议室的销售人员都能有效地与他们进行同样的对话。一位客户曾告诉我，他遇到的每一位销售人员只要稍微更换幻灯片上的公司名称和标志，就能轻松地销售竞争对手的产品或服务。所以，难怪你的客户会对你缺乏耐心！

当一次会议和下一次会议没有区别时，谈话就成了一种商品。复制竞争对手的商品化对话，会让你非常容易陷入落后地位。

销售对话是创造价值的唯一工具

新的销售对话如果无法提高客户为他们的公司和未来结果做决定的能力，那么将变得毫无意义。

在《成交：如何高效转化潜在客户》（*Eat Their Lunch: Winning Customers Away from Your Competition*）一书中，我曾指出，销售人员的职责就是提出价值主张：不是你的公司，不是你的解决方案，也不是任何外部事物。你独自走进一位潜在客户的办公室，你要完全对你如何利用他们的宝贵时间负责。所以，你必须为你的客户创造足够的价值，让他们同意与你合作。处于落后地位的销售人员认为，价值是在成交之后，公司和解决方案所交付的东西，而不是自己在销售对话中所交付的东西。无论你提出的解决方案有多么好，在销售对话中，这些好处都只停留在理论层面。因此，你的客户只能通过他们与你的销售对话体验（包括你提供的领先的见解和建议）来决定是否向你购买产品。

销售对话这种单一的工具就涵盖了领先策略和它的 10 个辅助策略。销售对话不仅能帮助销售人员促成交易，还能帮助销售人员通过为其潜在客户创造巨大价值来建立自身的领先地位，摆脱与客户初识时所处的落后地位。为了凸显"领先"策略的实用性、战术性和可操作性，我们将通过以下的实验来区分领先和落后的销售对话。

假设有这样一个场景：你的理想客户答应与你会面，他在你销售的行业中投入了大笔的资金。鉴于这类客户是你的完美客户，所以你因为有机会见到他们而深感兴奋。但是，在你进入客户办公室之前，你必须认同以下规则：

（1）你不能提及你公司的名字。任何提及你为谁工作或你的公司经营什么业务的对话都会使你立即被赶出会场，并且没有申诉的机会。没有例外，也没有第二次机会。

（2）你不能提及任何既往服务过的客户，包括你为你所服务过的公司创造的任何成果的证明或任何结果。只要你提到任何一位客户的名字，或者对你创造的结果有任何暗示，两个身材魁梧的保镖就会架起你的胳膊，把你架出客户的办公室，送你上车离开。

（3）禁止提及你的产品、服务或解决方案。任何提及你所销售的产品都将被视为违反了你与理想客户的协议，导致会议的终止。你的客户便不再有兴趣听你介绍你的产品。

（4）禁止一切试图与客户建立融洽关系的行为，否则见面会立即终止，并将禁止你再次与客户交谈。你的客户很珍惜他们的时间，只会把时间留给那些能够合理利用时间的人，而不是那些试图把谈话变成私人对话的陌生人。

（5）禁止问那些会引起客户"不满"以及涉及他们的"痛点"或"热点"的问题。比如询问对方"你为什么晚上睡不着觉"等类似的问题，会议就会立即结束，你椅子下面的活动板门就会打开，将你送至地下停车场。

（6）你有25分钟的时间与客户会面。如果你能成功地合理利用时间，客户会安排1个小时的会议与你探讨如何改变的问题。

虽然这个思想实验给销售人员提出了几项挑战，但只要处于领先地位，便能轻松应对每一项挑战。但对于处于落后地位的销售人员而言，或许几分钟的时间他们就会被这些挑战击溃，因为这样的销售谈话排除了所有遗留的技巧和他们所能提供的谈话要点。

销售人员面临的第一个挑战是如何在不提及公司名称的情况下进行销售。处于落后地位的销售人员非常依赖公司为自己创造信誉。在谈话的初期就想要快速地说出公司的信息恰恰证明你正处于落后地位。此外，需要分享现有客户的公司名称以及你为他们创造的结果，也表明你试图建立信誉，更加证明你处于落后地位。鉴于规则不允许任何试图建立私人关系的行为，所以这个策略也行不通。所以，通过与销售谈话无关的内容来增强自身的可信度，实际是在凸显你的落后地位。相反，销售人员必须通过销售对话展示自己的相关性以及理解客户行业的能力，才能建立自身的信誉。

一旦你想出了如何开启销售拜访，必须在 25 分钟内讲述客户认为有价值的内容。以上这些规则禁止你分享任何关于你的产品或服务的信息，所以谈话内容不必再涉及这些话题。大多数传统销售人员使用的方法是问一些旨在发现客户"痛点"的问题，通过这种方式向客户介绍他们的快速解决方案。领先意味着引导不同的对话，在客户需要更多帮助的领域为他们创造更大的价值。销售谈话也的确是需要谈及传统销售内容的对话，比如"为什么是我们"，但这些讨论发生在谈话的后期，而且只有当客户认为你能够为他们创造有价值的结果时才需要讨论这些内容。

如何吸引客户的注意

有一次，在与一位大客户开会时，我被领进了一间会议室，里面坐着四位对方团队的人。几分钟后，决策者走进房间并落座后，对我说："安东尼先生，麻烦介绍一下贵公司以及贵公司的业务范围。"事实上，我早就发现他对我的公司非常了解，我回答说："如果介绍我们公司，恐怕会浪费您的宝贵时间。"他说："不，我真的很想了解贵公司。"如果在与客户接洽的早期阶段草率地拒绝客户的请求，会给他们留下不好的印象，让对方失去和你合作的兴趣。所以，我并未拒绝他的请求，而是转过来说："最有效地介绍我们是谁、我们从事哪些业务的方式就是分享我们共同关心的问题。"于是，我开始向其分析我认为导致对方公司业绩不佳的复杂原因。我只带了一本便笺本，没有任何的幻灯片，只是向他解释了导致他问题的原因和趋势，不用过多询问我已然知道他正在努力解决这些问题。

会议进行到 1 小时 7 分钟时，这位决策者离开了会议室，留下我和他的 4 名员工继续开会。坐在我对面的员工问我："你是怎么做到的？"我略显不解，于是她解释说："你是怎么把他关在这间会议室里长达一个多小时的？他从未和销售人员交流超过 5 分钟的时间。"我回答说："我觉得他很享受这次对话。"事实上，他之所以能留下来是因为这次谈话对他来说很有价值。如果他发现我们的谈话内容是在浪费他的时间，那他肯定早就离开了，显然这是很多处于落后地位的销售人员的经历。忙碌的专业人士会尽力避免"落后"对话，因为这种对话对他们做出更好的决定和取得更好的结果毫无裨益。

领先的销售人员如何创造价值

销售人员若想为客户和潜在客户创造价值，必须首先明确哪些要素可以帮助客户从落后的地位转变为领先的地位。

在任何组织中，领导者都要做决策。对于能够为公司创造更好未来的重要决策，他们会向处于领先地位的人寻求帮助，因为这关乎他们最终想要达成的结果。记住，客户只会向那些他们认为比自己能够做出更好决策的人购买产品和服务。他们不会向处于落后的销售人员寻求关键任务的建议和推荐，因为这些人甚至比自己更不了解情况。如果销售人员意识到自己的建议实际上是使自己成为决策者，就会明白为什么他们会向某个人购买产品，而不选另一个人。

花时间介绍你的公司、你的解决方案、你为他人带来的成果，甚至是当地运动队最近的英雄战绩——尤其是在谈话的早期——只会让你成为一个浪费对方时间的人，而不是一个价值创造者。过去我们习惯在谈话开始时建立融洽的关系，而如今这一举动适合出现在谈话的尾声。这种新的关系是一种商业对话，一种有助于形成有效的决策、创造更好的未来结果的对话。在这个过程中，有两种具体的方法可以为你的客户和潜在客户创造价值。

与客户展开对话的正确方式

作为一个专业的销售人员，你花了很多时间帮助你的客户改善他们的结果，而客户只是偶尔做一个你每天都在帮助他人做出的决定。当你开启销售对话，向高管介绍情况时，需要立刻展现自己的领先地位。虽然有几类见解都可以帮助改善客户的处境，但在销售对话的前期阶段，请着重介绍能够帮助对方做出良好决策的力量、趋势和因素。这不仅能帮助你的客户了解他们的行业发生了哪些变化，他们为何应该关心这些变化，并且这也有助于促使他们做出相应的改变。

根据过往我与销售人员交谈的经验，在销售对话的早期介绍大体的情况，会引发两种常见的担忧。第一，你可能会担心你的客户已经完全了解你与他们分享的趋势和因素。即使你找到了一个早已深知影响其决策因素的客户，也要记住：你介绍大体的情况只是为了表明你是这方面的专家，并且你从客户的角度关注了客户应该重视的内容。表达一些挑衅性的观点也会对你有所帮助。第二，你的客户比你更了解情况。这种情况很少见，但你仍然会因为了解他们重要的力量和趋势而获得客户的青睐，这使你听起来更像是同行而不是销售人员。大多数领导者都秉承一种理性的谦逊，希望身边的人都能帮助他们改变观点，做出正确的决策。

然而，当你与一个认为自己在此话题上处于领先地位的客户展开对话时，会引发另一种不同的问题。在这种情况下，你需要用语言来避免他们因为自大而拒绝向他人学习。比如，你可以用简单的语句开启你们之间的对话："我能向您介绍一下大体的情况吗？我非常确信您也在关注这些趋势，相信这也能帮助我了解您如何看待这些问题为何会在您的行业中频繁出现。"当然，让客户感觉自己处于落后地位并无好处，这样的做法甚至会引起他们的自我防御机制。相反，你的对话应该要巧妙地帮助客户走上领先的道路。

了解力量及其对结果的影响

传统的销售方法要求销售人员花大量的时间来找客户的痛点。这是一种落后的销售方法，因为它表明，尽管你每天都在帮助客户取得更好的结果，但你对潜在客户可能遇到的挑战却一无所知。如果你无法透彻地了解客户所面临的挑战和他们需要的更好结果，为什么要拜访客户并让他们开会讨论改变？若想教导客户，同时向客户学习，必须首先对此有所了解。

与利益相关者一起探索变化，意味着帮助他们理解某些对他们的决策和未来结果至关重要的因素的影响。具体地说，销售人员在开场白中应该把自己定位为一个有能力促使客户做出改变并倾向于向你购买产品或服务的专家。现在，你会在销售电话的开场白中说哪些内容？它如何为你的客户创造价值？同样，领先的销售人员可以通过控制整个过程来领导客户，并获得所有必要的对话承诺，从而取得更好的结果。而现在，你对这个过程有多少控制？你具备哪些避免交易暂缓的能力？诚实而彻底地回答以下这些问题将会帮助你发现自己的能力差距，这也是你练就更领先方法的第一步。

应该叫停的做法

● **以"为什么是我们"开始。**这种落后的方法早已与客户的需求脱节。他们在对话的初期不需要知道这个问题的答案，这感觉就像你在想方设法赢得这个客户（主要原因在你）。这势必会让你在第一次会面时给客户留下糟糕的印象，客户希望你能够帮助他们改善结果，而你却花时间谈论自己的公司。

● **建立私人关系。**当你试图建立融洽的私人关系、希望被双方喜欢的时候，也就恰恰证明你处于落后地位。我们需要小心完成这项艰难的任务。一般来说，在 B2B 销售的业务对话中需要建立融洽的关系。会议结束后，如果你的客户想要进行私人对话，那你就没有理由不与客户建立私人关系来维系双方的业务关系。然而，不同的地方有着不同的习俗。如果你的客户希望在商务会谈之前先进行私人谈话，那么你也要尽量遵守当地的文化规范。

● **商品化的发现。**如前所述，销售拜访已经被商品化了。对于落后的销售人员而言，销售拜访的目标就是确定一个"差距"、一个"痛点"或一个"不满的来源"。如果你只是在做上述这些工作，实际上只是在重复客户已经进行的几十次甚至上百次的对话。并不是说这些事情不重要，而是在做这些事情之前，需要创造更多的价值。

● **使自己的公司和解决方案脱颖而出。**如果所有的销售人员都以分享他们公司的信息或解决方案开启销售对话，同样的做法并不会让你与众不同。采用这种方式进行销售拜访意味着你在一个需要你占据领先地位的客户面前，率先占据了落后地位。唯一能让你脱颖而出的方法就是销售对话。

● **遵循客户的领导。**各种各样的冒牌销售专家都建议你让客户告诉你接下来会发生什么。这些装腔作势的专家只会让你占据落后地位，他们从不领导，也从不负责。但让一个很少独自上路的人来领导这趟旅程，往好了说是疏忽，往坏了说就是失职。

应该开始采取的做法

● **把自己塑造成一个潜在的战略合作伙伴。**你表现得越像一个能弥补客户知识和经验不足的领先专家，就越像一位战略合作伙伴。你向客户介绍得越多，让他们了解当前最重要的事项，客户就越会依赖你去帮助他们实现相关方面的成功。

● **促使改变并提供改变的环境。**你在占据落后地位时指出客户的痛点与采用领先的方法教育客户为什么会有痛点，这两者之间存在着微妙又关键的区别。在第一种情况下，你试图在对话中强行加入自己的解决方案，而在第二种情况下，你正在帮助客户认识到他们为何会陷入困境。在第一种情况下，你只是在询问信息；而在第二种情况下，你提供的信息和见解能够帮助自己和客户发现更多的信息。决策者和领导者都想要更好的结果，只是很难找到能帮他们取得更好结果的人。

● **在销售对话中脱颖而出。** 脱颖而出的唯一有效方法就是销售对话。你的洞察力和理解客户世界的能力才能使你脱颖而出，让他们清晰地预测出未来的决策和结果。

● **推动基于需求的买家之旅。** 很多新的销售对话都是关于如何利用领先的方法弥补潜在客户在知识和经验方面的不足。通过了解客户的需求，销售人员可以更好地为他们提供信息、见解和建议，确保客户取得成功。记住：没有一位买家的单独之旅，只有一群买家的共同旅程。所以，你需要领导他们。

开始新的销售对话

首先回顾上文提到的用较为严格的对话契约开展新的思想实

验。例如，假如你是潜在客户，给我安排了 25 分钟的会议时间，我将演示如何用领先的方法开始新的对话：

谢谢您的宝贵时间。如果您没有异议，我想先向您介绍一下目前的销售情况，以及哪些因素阻碍销售组织和销售人员取得他们能够取得的更好的成果。

● 根据 HubSpot[1] 2020 年的《不是另一种营销状态报告》（*Not Another State of Marketing Report*），只有 29% 的买家希望通过与销售人员交谈来更多地了解产品。[2]

● 佛瑞斯特研究公司（Forrester）的报告指出，68% 的 B2B 买家更喜欢自己在网上做研究，不愿意与销售代表交流。因为 57% 的买家认为销售代表提供的材料大多是无用的材料，另一项调查数据显示有 58% 的买家认为其"更注重风格而非内容"。[3]

我们发现，如果销售人员无法承诺为客户提供有价值的东西，那销售人员就很难获得会面的机会。此外我们还发现，当销售人员承诺即使客户不购买任何产品或服务也会提供价值时，会面的概率会增加，这种承诺反而会让客户更容易同意会面。同时，这也有力地证明了，决策者正在寻求一种不同的对话。

---

[1] 一家美国软件公司，提供营销、销售和客户服务软件，帮助客户吸引、发展和保留客户。——编者注

[2] HubSpot, "Not Another State of Marketing Report," 2020.

[3] Forrester, "Beyond The Lead: How Content Marketing Builds Lasting Relationships" webinar, 2018.

● 高德纳（Gartner）的研究显示，客户在联系销售人员之前就已经做出决定。他们的研究表明，57% 的客户在与销售人员交谈之前就已经做出了决定。❶

对于销售人员而言，这意味着尽早会见潜在客户日趋重要，我们将这种方法称为"零年"（Year Zero）。鉴于买家现在大多都是独立工作，将过去有效的方法用于现在则意味着错失良机。

● 购买周期逐步延长。有证据表明，75% 的交易需要 4 个月 ❷ 才能达成，近一半的交易需要 7 个月以上才能完成。❸

● 从 2009 年到 2014 年，销售周期延长了 22%，并且这一趋势还在继续增加。CSO Insights❹ 的数据指出，在 2013 年至 2019 年，销售周期一年以上的订单的比例从 10% 上升到了 18%。

导致周期时间变长的其中一个原因是买家的公司需要就内部达成一致。尽管我们已经认识到了这一趋势，但大多数销售组织还没有开发出为客户提供所需帮助的方法。❺

● B2B 销售周期变得更为复杂，预计约有 46% 的销售代表

❶ Gartner, "The Power of the Challenger Sales Model," August 17, 2019.

❷ CSO Insights, "Selling in the Age of Ceaseless Change：2018-2019 Sales Performance Study," 2018.

❸ Sheryll Poe, "Your Guide to B2B Sales：Steps and Tips for Successful Sales," The Blueprint, a Motley Fool Service, December 8, 2020.

❹ 一家美国科技公司。——编者注

❺ CSO Insights, "2019 Sales Performance Report," 2019, 16.

无法完成销售任务，仅有 47% 的销售人员能够完成任务。❶

● ValueSelling Associates，Inc.（关于销售培训的机构）和 Selling Power（销售绩效提升行业的领先发布机构）的一项研究指出，他们调查了 300 多名 B2B 销售人员的销售任务，69% 的 B2B 销售人员说他们无法完成他们的任务，因为在他们的渠道中缺乏足够的线索。❷

根据我们的经验，传统的专业销售方法不足以解决销售周期的复杂性。在非线性的对话中，这些传统的方法不足以帮助销售人员领导客户。

● 向现有客户销售的成功率为 60%~70%。向新的潜在客户销售的成功率为 5%~20%。❸

由此可见，当潜在客户感觉销售人员无法为他们创造价值时，他们便希望停止合作并拒绝未来的见面。

哪一种趋势对你的结果影响最大？你有什么发现？

❶ CSO Insights, "2019 Sales Performance Report," 2019, 16.

❷ ValueSelling Associates, "The Three Keys to Sales Quota Attainment," 2020.

❸ Taylor Landis, "Customer Retention Marketing vs. Customer Acquisition Marketing," OutboundEngine, April 2.

对此方法的解释

我的观点是，我遇到的销售团队的领导已经经历了几乎每个销售组织现在都面临的挑战。我没有要求决策者与我分享他们面临的问题和挑战，而是首先向他们解释他们为什么会出现这些问题。你可能也注意到了，我并没有试图通过介绍我的公司来建立任何信誉。

我所引用的数据均来自具有较高可信度的第三方机构，他们不会从客户向我购买的决定中获得任何好处，所以不存在任何偏见。请注意，我正在利用领先的策略来解释这些趋势和因素的含义，插入如何最恰当地解决这些问题的想法，但我从未提到某个解决方案。例如，我提到了"零年"的概念，这不是一个产品、服务或解决方案。这是一个可以用来抓住客户注意力并在买家旅程的早期与客户接触的概念。

当你从领先地位开始对话时，你会发现客户在大多数情况下都想要理解你所说的内容。他们会用提问的方式打断你，经常会列举你所分享的内容已经给他们带来了问题的例子。不要费心去问你的客户究竟是什么让他们夜不能寐。相反，应该试着教他们找到导致他们夜不能寐的原因。或者更明智的做法是，解释为什么即使是最浓的甘菊茶也无法快速适应周围环境的剧烈变化所带

来的影响。日后，当我们思考如何帮助客户做出改变时，你就会
知道要从解决客户问题的根本原因开始，而不仅仅是缓解他们暂
时的失眠症状。

第三章

洞察力和信息差

信息可以用来消除不确定性的东西。

——克劳德·香农（Claude Shannon）

销售人员若不能保持信息差，就无法保持领先地位。信息差意味着你掌握了客户所不知道或尚未认识到的信息。销售人员通过将自己的见解传递给客户，在一次或多次的对话中将他们从落后地位转变为领先地位，从而提高客户的决策和结果。其核心策略就是贯彻："我知道一些你不知道的事情。我可以和您分享吗？"

商业秘密

大公司早在 20 世纪 20 年代就开始实现专业化销售，它们拥有绝对信息差的优势。潜在客户能够了解到的产品信息并不多，尽管几代人以后出现了谷歌搜索引擎，但除了目录和商店外，依然没有办法了解工业时代出现的越来越多的产品和服务。所以 B2C 和 B2B 的客户别无选择，只能通过和销售人员交谈来了解产品和服务。但这些销售人员还必须获得客户对他们公司的信任，所以通常通过谈论公司的历史或声誉来实现这一目标。不论是购买还是销售，不知道可以信任谁是其中的一大障碍，尤其是在到处都是骗人的推销员的情况下，所以当时的规则是买者责任自负（买方承担）。

由于信息的稀缺，销售人员还必须解释他们产品的特点和好处。掌握信息差异力量的销售人员可以借此利用潜在客户，不只是操纵客户，还会隐瞒一定的信息或提高报价。对于许多客户来说，他们几乎没有任何的追索权，也没有什么可靠的方式可以与广大的客户群分享他们的不满。几十年来，人们对推销员不值得信赖的负面刻板印象一直困扰着销售行业，并在这种环境中根深蒂固。

举个例子，引用一段来自通用汽车公司于 1926 年前后出版的《雪佛兰汽车销售手册：雪佛兰零售销售员的基本信息》（*Selling Chevrolets:A Book of General Information for Chevrolet Retail Salesmen*）中的一段对话。沃尔特·A. 弗里德曼（Walter A. Friedman）的《推销员诞生记：美国销售的转变》（*Birth of a Salesman：The Transformation of Selling in America*）一书中引用了这段对话。

顾客："我的旧车至少比你的报价高 100 美元。"

销售员："客户先生，您的旧车给您带来了许多乐趣和便利。你对车况非常了解，所以我能理解为什么您觉得应该报价更高。但是二手车的价格，就像其他任何商品一样，是由需求决定的。所以无法给您更高的报价，尽管我们也很想您的旧车能卖出一个好价钱。但我们可以为您以新雪佛兰的价格标准或接近新车的价格标准提供同等优质的服务，这是任何其他汽车无法享有的。"
（通常情况下，会借此向他介绍新的功能并要求成交。）

　　在这个例子中，销售人员利用关于二手车市场价格和需求的信息差异表现出十分轻蔑的态度和居高临下的感觉。潜在客户无从判别销售人员是否在利用他们，销售人员可以通过不道德地隐瞒某些信息来操纵这一交易。通用汽车公司开展了这种不道德的行为，充分利用了客户处于落后地位的无知。

　　然而，在今天，销售人员根本无法利用这种方法。潜在客户可能会这样说："我的车比你给我的价格高出 1200 美元，但这也低于《二手车参考价目册》（*Blue Book*）的价格。事实上，你们的经销商刚刚销售了同样的品牌和型号，行驶里程比我的车多出不少，价格却比我的高 2100 美元。"这种相对的信息平等的现实使竞争环境变得更加平等——面对消息特别灵通的客户时，销售人员需要遵循新的规则。

新的信息差

　　这种信息均等的巨大转变使传统方法不再有用。请记住，传统的销售方法往往先开始介绍客户容易获得的产品信息，这也就意味着销售人员没有为客户创造真正的价值。同样，虽然公司声誉起到了一定的作用，但公司的历史与你的潜在客户几乎没有任何关系。

好消息是虽然买家可以从他们自己的自主调查中了解到足以让专业消费者做出购买决定的信息，但在复杂的 B2B 销售中，洞察力和经验知识仍然是做出良好决策的必要条件。要依靠自己的知识做出复杂的购买决定就像在网络医生的网站上自我诊断：纵使你能获取很多信息，但如果没有专业知识来应用这些信息，那会导致自己诊断错误。当涉及容易检索的事实时，虽然信息非常对等，但仍然存在巨大的信息差，正如约翰·梅伦坎普（John Mellencamp）在文章中所指出的那样："虽然我了解很多信息，但我依然还有许多不知道的其他信息。"事实证明，尽管你的医生的医学知识非常渊博，但其对高原反应的了解还不如夏尔巴人，特别是你的医生生活在海拔只有 500 英尺的地方。

为了帮助你的 B2B 客户扭转落后地位，占据领先地位，你需要了解新的信息差。销售人员占据领先地位，意味着正在纠正客户由于缺乏洞察力、建议和解决方案而导致的领域中的信息差。在过去，销售人员利用信息差占顾客的便宜；而如今，我们创造对等的信息，既能为客户创造优势，又能帮助我们获得客户的业务合作许可。

你不知道自己不了解哪些信息

要想提高自己的能力，占据领先地位，非常行之有效的方法之一就是认识到自己多数时候处于落后地位。不管你接受过什么样的教育，承认自己的无知是一种智力上的谦逊。就我个人而言，我每天都在努力变得不那么无知，知道无论我学了多少东西，仍然有许多自己不了解的东西。你和你的客户也遭受着同样的人类痼疾，因为我们永远无法完全摆脱信息差。

在一个充斥着数据和信息的世界里，人们很难了解什么是好的、正确的和真实的，尤其是将糟糕的想法、不完整的信息和彻底的谎言包装得像真知灼见一样的时候。就以人们对你饮食的看法为例，你应该遵循生酮饮食❶还是生食主义？是做一个肉食者、杂食者，还是素食者？你应该实行间歇性禁食还是坚持一日三餐？信息的堆积往往也会让人感到困惑，而旨在吸引你注意力的算法，会给你推送许多让你目不暇接的信息，让你的双眼不舍得离开屏幕。这种模式甚至会让人们相信价格越低越划算。

如何确定分享哪些信息？其中的一个方法就是反思它能为你

---

❶ 生酮饮食：一种高脂肪、中等蛋白质、低碳水化合物的饮食。旨在减重或控制癫痫的发作，但长期生酮饮食有害健康。——编者注

的客户提供什么价值。分享你的公司或你的产品的信息，不会帮助你的客户完成他们此前无法完成的任务，使这种级别的信息成为一种商品，至少不是完全没有意义。利用信息差作为自己的优势意味着你的见解和经验可以在某些领域帮助客户解决完全不同且更加困难的问题。

六大问题中的新信息差

以下六个问题提供了一种思考方式，使你反思客户缺少哪方面的信息，以及是什么导致了他们的不确定性。信息论之父克劳德·香农（Claude Shannon）在本章的题词中也表达了这一想法。虽然这些问题还不够详尽，但却是一个好的开始。

发生了什么

你拜访的利益相关者都在埋头经营自己的企业。每天，他们都会面临新的问题，以及大量尚未解决的问题和挑战。当然，他们想跟上趋势、增强力量以及突破新的创新，从而改善他们的决策。但很少有人能实现这一目标。著名的管理思想家彼得·德鲁克（Peter Drucker）警告高管们：公司的业务规模越大，就越难为客户创造价值，因为他们的注意力自然会转向公司的内部。德鲁克自己没有雇佣任何工作人员，只有一名打字员帮他把手稿打成了53本书。他能够准确地预测许多销售组织的问题，在这些组织中，内部问题越来越多，并且会越来越少地关注外部价值的创造。

通过将人们的时间和注意力集中在一处，现代工作场所创造了一种新型的信息差。但也给你提供了领先的机会，与你的客户分享信息，防止他们处于落后地位。如果你能够走进客户公司，简要介绍客户行业的总体情况，让他们了解他们所处的行业正在发生什么变化以及对他们有何影响，就表明你正在让他们更接近领先的位置。很快，他们就会依赖你的简报使自己保持领先地位，甚至会要求你向他们的团队和老板介绍总体的情况。他们也可能会授权你全权负责了解行业动态的各项事宜。

为什么我很难创造结果

你的客户非常需要了解他们不知道的东西，这恰恰是传统方法中被忽视的东西。在传统方法中，整个发现阶段都只专注于发现客户的问题。客户已经知道他们存在问题。事实上，他们知道自己有很多问题，其中一些问题更为重要，还有一些他们认为难以解决的问题。这就是信息对等，你和客户都理解他们正在经历哪些问题。

很多时候，之所以存在信息差是因为客户不了解他们公司外部发生了哪些变化。他们之所以面临许多问题，根本原因通常是客户没有意识到当前的变化趋势和力量（除非你分享它们，否则他们可能永远不会意识到）。消除这种信息差不仅可以帮助客户，而且肯定会让他们更喜欢与你合作，也更愿意购买你的产品或服务。你能否与客户建立联系，取决于你解释外部趋势、变化因素和阻碍客户产生更好的结果的能力。本章后续的内容会提到，解决客户提出的问题最好的方法就是处理问题出现的根本原因，而促使变革的最好方法是展示外部世界如何导致了这些根本原因的出现。

我缺少什么

销售人员经常问的一个问题是，是否应该暗示自己正在与潜在客户的直接竞争对手合作，以此来吸引潜在客户。虽然从技术上讲，这确实纠正了某种形式的信息差，但这是一个糟糕的策略，它表明你不值得信任，这也是你丧失领先地位的前兆。更重要的是，还有一种更好的方法是利用你的知识和经验帮助客户获得他们需要的更好的结果。

你可以这样说："我们了解了你们行业过去 18 个月以来发生的变化。"这种方法有两个显著的效果：它能够激发客户的好奇心，并且表明你知道一些客户认为有价值的信息。决策者往往无法做出决定，就是因为他们缺少信息，所以你服务的客户想知道他们缺少什么。其中一些信息来自其他公司的做法以及它们的运作情况，鉴于你与数十个、数百个或数千个客户合作，所以你掌握着"情景知识"。情景知识是一种经验，使你能够向客户建议哪些是有效的做法、未能产生结果的做法以及各种不同的支持或阻碍对产生理想结果的影响因素。

在本章的前半部分，你已经了解到：自己不了解自己不知道哪些信息。通常情况下，直到你需要向客户解释某些问题时，你才意识到自己竟然知道这些信息。你认识到某些信息对某位客户而言可能有用，但你的客户并不会匹配有用的信息，因为他们缺乏你的经验。弥补他们缺失的信息才能使他们跟上行业的步伐。

我现在该做什么

根据我的经验，销售人员总体可以分为三类。第一类是领先的销售人员，他们已经意识到，他们掌握了客户不知道的信息，这些信息来自他们的经验，所以他们努力推进以需求为基础的买家之旅。第二类是处于落后地位的销售人员，他们要么缺乏经验，要么没有表现出自己的领先地位。第三类是接单员，他们不能提供任何有助于改进客户现状的信息。

一个人在思考困难的决定时，如果能够接受有丰富经验的人的指导点拨，势必会受益匪浅，这些人知道他们需要做什么。销售人员在这个决定中处于领先地位，所以需要给客户提出专业性的意见，告诉客户需要做什么才能成功地提高自身的地位。销售人员只有提供了专业性建议，才能成为顾问，而那些领先的销售人员可以毫不费力地完成这项工作。相比之下，处于落后地位的销售人员缺乏相关的经验，可能需要借助他人的帮助才能了解客户需要做什么。接单员式的销售人员对客户毫无用处。

潜在客户没有理由从一个无法告知他们现在需要做什么的人那里购买产品，因为销售人员无法弥补他们的信息差。销售人员最有价值的建议不是"购买我们的解决方案"，而是"你应该如何做出这样的决定"。帮助客户了解他们需要做什么会增加他们向你购买产品或服务的偏好。

我应该如何改变

你的优势是某种形式的信息差，这种差距对于你创造和追求与客户合作的机会愈发重要。有些公司利用专业流程让自己处于领先地位，就好像他们的经验能够匹敌每天帮助不同公司做出决定的领先销售人员的见解一样。这种不匹配可能会导致客户方面出现重大的问题。

哈佛商学院学者约翰·科特（John Kotter）在《变革之心》（*The Heart of Change：Real-Life Stories of How People Change Their Organizations*）一书中提出了一个包含八个步骤的变革框架。这八个步骤分别是：增加紧迫感、建立指导团队、确立正确的愿景、有效沟通愿景、授权行动、创造短期成效、不要放松、巩固变革成果。想象一下，假如你的客户遇到四位不同的销售人员，每个人都询问了客户面临的问题，然后立即试图向他们提供解决方案，但客户却没有做出任何解决问题的行动。虽然一个人或一群人不做出改变是出于多重复杂的原因，但主要原因是缺乏获取信息或达成共识的能力。

本书的第九章中，将详细介绍如何通过展示外部力量和趋势来开启销售对话，以帮助客户认识面临现有问题的根本原因，从而增加客户的紧迫感。我们之所以能够帮助客户建立领先优势，是因为在销售流程的早期就已经帮助客户建立了指导团队。科特的第三步是让指导团队制定愿景，但这个愿景将受益于你对指导团队的指导。销售人员失去交易或者无法推进交易流程的原因通常是因为他们不知道如何帮助客户做出改变。处于落后地位的销售人员不认为自己有责任告诉客户他们需要做什么，他们认为这样会使他们陷入反向咨询的局面。

我怎样才能确保自己实现成功

销售人员永远没有理由对客户撒谎。一些客户之所以认为所有的销售人员都会对客户撒谎，是因为许多销售人员都是因为不想有所作为而撒谎，这是一个基于信息差的古老问题。有一次，我的团队进行大型的销售拜访时，一位高级领导质疑我们能否实现他所需要的结果。当我回答："我们通常在第四次或第五次尝试时就会达成既定的目标，像这样的项目总是要经历一个陡峭的学习曲线。"高级领导看着我，微笑着说："你们有多优秀？我们至少要尝试 11 次。"但我们彼此都知道自己说的是实话。

如果销售人员对自己和客户在任何重大变革中一定会遭遇的问题和挑战始终保持沉默，势必会让自己处于落后地位。事实上，解决这些挑战有助于为客户创造一种确定感。你知道哪些方面可能会出错，就意味着一旦面临这样的突发情况，你知道如何避免以及如何解决这些问题。忽视改变带来的挑战，会使销售人员永远处于落后地位，因为你总是害怕失去这笔交易。

客户之所以不向销售人员购买产品或服务，其中一个原因是他们不相信自己能够成功。向利益相关者展示你们将共同采取的措施，尤其是以图文并茂的形式，能够为客户提供一种确定性，使他们不愿固守冰冷的舒适圈。你的经验告诉你客户可能会普遍担忧哪些问题，这也给你提供了机会，通过分享自己帮助客户取得成功的计划，来解决他们的不确定性。

领先地位和信息差的价值

如前所述，我对传统销售方法持批评态度，其中一个原因是传统的方法反对销售人员给出任何的"免费咨询"。这是一种在客户向你购买产品或服务之前保持信息差的做法。这种做法会使销售人员处于一种非常不利的境地，销售人员担心潜在客户会窃取他们的想法并与其他销售人员分享，继而其他销售人员也会窃取这些想法。虽然这种情况偶有发生，但要记住几点。首先，任何想要窃取你的想法的竞争对手显然自己也没有更好的想法。其次，他们基本上肯定不知道如何实践这一想法。你可能想要揭露他们糟糕的决策来帮助客户，温柔地提醒他们，他们过去已经处于落后地位，并将持续处于落后地位，下面的措辞可供参考：

我担心你未来的结果。如果你选择的合作伙伴还没有意识到这一策略，那么可以肯定的是，他们缺乏经验，并未意识到你即将面临 4 个风险以及如何解决每个风险。在你允许他们开始行动之前，一定要让他们解释这些风险。还要确保他们解释了你需要实现结果最大化的 2 个后续项目。这取决于发生了什么，或者情况有多糟，我们也不一定能帮到你。你为什么会选择与一个没有相关经验的人合作，如果出现意外别人会怎么想？

占据领先地位使你能够以一种更有效、更道德的方式利用信息差，通过帮助客户改变来服务客户。这种领先的方法不会让你担心客户获取你的"免费咨询"。毕竟我们生活在一个动态变化的时代，所以今天可行的方式或许明天就会变得毫无意义（即便今天的做法后天依然可行，也不会在未来永远可行）。你的想法和见解不会枯竭，因为世界将不断发生颠覆性的事件、出现新趋势和力量，这迫使你和客户做出改变。

更实际地说，这种领先的方法可以让你避免以一种销售机器人的方式出现在客户面前，像此前和他们见过面的销售人员一样，重复相同的对话。销售人员经常抱怨不希望被当作商品一般对待，但却只能进行早已无可救药的商品化的对话。所提供的解决方案已经失去了效力，正在被更新的、更有效的策略和方法所取代。一旦占据领先地位，销售人员便能创造超出解决方案的价值。你所创造的价值能够支撑组织变革，确保做出明智的决策，并提供能够创造出更好结果的建议和推荐，这才是真正的咨询式销售方法。

向自己学习

在第七章中，我们将深入探讨如何形成自己的外部洞察力，重点关注公司以外的资源和自己的经验。但你也应该承认已经通过培训和经验掌握了不错的内部洞察力。

保持领先地位，既是你的义务，也是职业发展的最佳工具。

重要的是，客户可以通过你了解他们需要知道的事情，使你成为知识和见解的来源。如果你无法努力保持这种信息差，那也就只能是昙花一现。你可能会在第一次见面时就用深刻的见解让客户心服口服，但如果你不能始终如一地重复这样的表现，他们就会寻找其他有能力的人来接替你的角色。所以，你可以探索以下几个领域，从而使自己不断能够提出与客户的决定和结果相关的新颖的见解，总能分享新的和有用的东西。

● **走出自己的圈子。** 在你走出自己的圈子之前，首先要认识到自己（也可能是自己的领先团队的成员）从个人和集体经验中学到了什么。你首先要记录自己以往的经验从而提供有用的见解。

● **客户经验和挑战的价值。** 每天，你都与客户和潜在客户互动。如果你愿意了解并记录自己在谈话中提出了哪些见解，你会发现自己的见解对双方都有价值。例如，当你的客户解释他们的业务面临新的挑战时，可以肯定的是该行业的其他公司要么已经感受到了同样的挑战，要么即将会感受到相同的挑战。你与一个客户合作时学到的东西势必也会对另一个客户有所帮助。

我在此提出一个帮助你快速开始对话的建议：在过去的 12 个月里，你从与客户的合作中学到了什么？列出"我们去年学到的 10 件事"的清单足以在执行简报或开场白对话中提出足够的见解。只有在你分享自己的经验时，经验才能发挥其作用，有时它能发挥像数据一样的效果。

● **区分有效和无效的方法以及寻找原因。** 鉴于你和你的同事（希望是一群领先的销售同事）正在努力帮助客户改善他们的结果，你可以体验哪些方法有用以及为什么有用。在这个过程中，"为什么"非常重要，因为它可以帮助你理解一种方法在何时何地才是最佳选择。改善客户的结果并不是一个放之四海而皆准的过程。此外，还需要你头脑风暴出这个问题的答案：什么对某位客户有效，但对另一位客户毫无用处，什么原因可以解释其中的差异。

● **若想产生效果，你的哪些经验是不可或缺的。** 本书的第十一章的内容介绍了如何帮助客户做出改变，不只是换一个新的供应商和尝试一种新的解决方案那么简单。对于销售人员而言，真正的咨询能力是指确切地知道客户需要做出哪些改变，从而能够产生他们需要的更好的结果。如果你认为自己无须肩负这样的责任，那么这就会使你处于落后地位。所以，首先从反思这个问题开始：你的客户需要做出哪些改变才能改善他们的结果，或者他们的哪些做法阻止了他们产生更好的结果？

● **如何做出改变。** 在第六章中，我们将更深入地探讨"购买的见解"，也就是你的客户需要在对话中得出能够成功地转化为结果的见解。客户之所以未能解决问题，是因为采取了一种极为糟糕的变革方式。销售人员可以通过确定客户跳过了哪些对话以及他们不愿意恪守哪些承诺，来确保自己得到"与改变相关"

的信息和见解。

　　作为领先的专业销售人员，我们之所以要保持信息差，是想要不断更新自己的见解，借此分享自己的想法、知识和经验，并帮助所有客户改善他们的未来。

第四章

帮助客户发现问题

一个人如果不急于重生，就等同于等待死亡。

——鲍勃·迪伦（Bob Dylan）

如果销售人员处于领先地位，那么就可以偶尔质疑客户坚信不疑的东西，质疑他们做事的方式。一些销售人员认为这种质疑客户的做法很无礼，甚至是一种异端邪说，主要是因为它挑战了他们所相信的专家的地位。即便你因为过早认识到一种新的见解或实践而被当作是异类，不久之后你也会因此被称为是有先见之明的开拓者或变革者。

在电影《黑客帝国》（*The Matrix*）中，尼奥敏锐地意识到自己处于不利地位。他发现，神话人物墨菲斯处于领先地位，也是他认清现实的关键。尼奥感觉自己忽略了什么，于是努力想要使自己摆脱自己的不利地位。墨菲斯给了尼奥两颗药丸，借此让他看到他想看到的东西。红色的药丸会让他看到现实，而蓝色的药丸会让他在了解了自己的一生后进入温暖舒适的睡眠。当你读到这句话时，意味着你吃掉了红色的药丸并了解了它所揭示的一切，即使这可能会打破你长期以来信以为真的东西。

如果我告诉你，最有效的发现策略不是通过提问来发现客户的问题和痛点，而是帮助他们自己发现自己的某些问题，你会怎么做？如果你负责教客户一些东西，帮助他们能够改善自己的决策和未来，你会怎么做？如果客户早已厌倦了过时而又无法给他们的宝贵时间带来回报的电话推销策略，你是否还有更多有效的方法？

为何"最佳实践"会失败

在《成交：如何高效转化潜在客户》一书中，我介绍了一个名为"4级价值创造"（Level 4 Value Creation）的框架。这个想法既简单又具有变革性。第一级价值是你的产品或服务，即你的商品。第二级价值是你公司的经验，塑造你为客户提供的服务和支持。经验虽然有用，但最终只是一种赌注，无法产生足够强大的力量促使决策者做出改变。第三级价值是解决客户的问题，这是传统的解决方案试图解决的问题。第四级价值是确保客户实现所需的战略成果，这远远超出他们目前的问题。传统的发现从第一级开始，并通过将价值堆栈中高度商品化的部分促成交易，而现代发现则颠倒了这个顺序，首先是从与客户进行战略成果的对话开始。

当"最佳实践"被过度使用到不能再被视为最佳实践的程度时，就会出现这种情况。管理顾问大卫·斯诺登（David Snowden）曾指出，在处理复杂问题时，借用最佳实践可能会适得其反。某些拐点的出现削弱或抵消了曾经被认为是标准的做事方式的价值。专业销售已经发展到了这一阶段，因为决策者面临着不同的问题，我们可以认为这些问题阻碍了他们解决自己的问题。通常，客户进入销售流程是因为他们试图解决某个特定的问题，所以他们不需要销售人员来"发现"他们已经知道的东西。然而，客户总有其他没有意识到的问题，而这些未意识到的问题可能会阻碍他们实现成功。新的销售拜访过程实际是分析复杂情况的过程，以便客户去了解自己。

本着这种精神，请允许我帮助你提高对自我的认知，以及你应该如何应对客户的需求。

在研究领先销售人员的发现需求之前，让我们先回顾一个典型的传统的销售展示：销售人员甲走进客户的办公室，拼命地试图与客户建立友好关系，介绍许多自己公司的信息，并介绍自己服务过的知名客户，希望取得客户的信任。紧接着，他向客户提出一系列问题，让他们承认自己有问题。但销售人员甲忽略了客户的体验，他只是想向客户介绍自己的解决方案能够解决客户的问题，就好比用止痛药来减轻他们的疼痛。销售人员甲认为销售这种"解决方案"只能通过一条直线途径：问题、痛苦、解决方案。即便他很有风度、有礼貌而且很专业，但这样的谈话还不足以吸引客户的注意，客户依然会不断地看手表。

两天后，销售人员乙出现在同一间会议室，坐在同样的位置上。在最初的三分钟内，潜在客户会有一种可怕的似曾相识的感觉。你猜对了：销售人员乙用了和他的竞争对手相同的方法，努力触及客户的痛点。事实上，他们的谈话过于相似，以至于客户几乎无法区分这两个销售人员。也许销售人员甲身高更高一些，而销售人员乙用了一个绿色的标志。过程基本如此，客户小时候游戏房的地毯颜色也基本都是这样的绿色。他们的专业知识、解决方案或作为战略合作伙伴的匹配性都不够突出。

这一案例中体现了诸多商品化的证据：你的客户不仅已经熟记了他们的台词，这些销售人员也知道客户的台词和每个场景的时间。多年来，大部分销售人员早已将台词烂熟于心，即便客户不给他们任何提示，许多销售人员依然可以完成对话。你接触的销售人员越多，就越清楚他接下来会说什么。当客户已经看过类似的套路时，你就无法指望自己能从中脱颖而出，因为你的竞争对手在周二白天的演出中已经贡献了相同的表演。

陈旧的模式

传统销售对话的结构在当时十分受用，但就像其他所有事情一样，也必须不断地发展才能适应新的商业环境。长久以来，对销售对话的创新少之又少，以前的"最佳实践"早已不足以创造客户需要的价值水平。

对话的顺序和内容一样是销售对话的关键。以下是在传统B2B销售方法中开展销售对话的顺序：

（1）**建立关系**。这里是指在对话开始时的闲聊有助于销售人员与潜在客户建立联系，提升他们购买产品和服务的可能性。谈话内容可能包括天气、当地运动队的表现、当天的新闻，或者一些更私人的话题，比如客户的孩子或彼此都在经历的事情。虽然被人了解、喜欢和信任很重要，但更重要的是不要将自己定位为一个浪费别人时间的人。

（2）**介绍公司的信息。**这种方法已经有一百多年的历史了。把介绍公司的信息作为对话的主题，目的是做两件事：证明客户可以信任你的公司，以及证明销售人员值得信任。大多数销售人员都非常喜欢这种方法，因为他们认为，尽早介绍公司的故事很重要。但不幸的是，客户会立即将你和你的产品视为一体。

（3）**介绍既往的客户。**这是 B2B 世界的普遍现象。一张印有既往客户公司标志的幻灯片，就是为了给客户留下深刻的印象，让他们相信你的公司是成功的、有能力的、值得信赖的。如果世界上最大的公司信任你的公司，会证明你的公司一定是一个安全的选择。但是，如果幻灯片演示到这一页时，你却没有做任何事情来证明你与潜在客户的相关性，这会因为言之无物而迅速失去信誉。

（4）**介绍自己的解决方案。**在确定你的公司非常适合潜在客户后，下一步是向潜在客户介绍你的产品或服务。许多销售人员仍然在使用这种方法，相信它在某种程度上会有助于获得客户的信任。但那些希望你有兴趣帮助他们改善结果的客户，会感到非常痛苦，因为他们不得不再次忍受"为什么是我们"的谈话。

如果谈话的内容不涉及解决方案，销售人员会焦虑地直接跳到通过提问来确定客户的问题和痛点。

（5）**发现问题**。在传统的解决方案中，销售拜访的主要意图是识别或引出问题、找到痛点，然后通过推荐自己的解决方案来解决问题。此阶段还可能包括一次对话，来确保解决方案适合解决客户的问题。

许多销售人员，尤其是那些有同理心和经验的销售人员，已经开始直接跳到发现问题的阶段。即使这种做法只比询问客户的痛点稍微好一点，他们至少意识到，旧的准备阶段对客户没有任何价值，也占用了原本可以用来更好地为客户服务的时间。如果诚实地评估"销售拜访"的状态，就会发现销售人员长期以来一直在采用同样的方法，以至于沦落到只是在走过场的地步，尤其是当双方都只是在死记硬背自己的台词的时候。

现代的销售拜访

在我开始撰写本章的前一天，一位客户告诉我他们的团队想要开展一场"宣传和推销产品的展示会"，希望我能参与。当我到达后，客户的团队用一份幻灯片向我简要介绍了 20 分钟，上面到处都是他们的营销团队的"痕迹"，借此想让我了解他们是谁。在他们完成简报的那一刻，这位高级领导对整个幻灯片只字未提，而是问了我一个问题。他们想了解自己的行业为何会陷入困境，以及如何更好地开展一项新计划。我用执行简报上的内容做出了回答，迅速列举数据，并解释他们陷入困境的原因。既然你能改变销售拜访的流程为客户创造更多的价值，为什么还是浪费了不少的时间，却并没有为你想要帮助的人创造多少价值？

现代的销售拜访虽然乍一看可能会让人不舒服，但势必会产生不同的结果。因为这一流程的主要问题不再是"为什么是我们"，而是变成了"为什么要做出改变"，让你的客户成为谈话的焦点。具体流程如下：

（1）**执行简报。**在对话之初，先向客户解释对方所处的行业，可以帮助他们理解当前（或不久的将来）许多问题背后的原因。几十年来，商品化的销售拜访一直在寻找痛点，但毫无疑问，你的客户早已知道自己有问题。此外，鉴于你以帮助客户为生，所以要确保自己非常了解客户面临的挑战。这也是让你成为一位感知建构者的部分原因之一。

（2）**探索变化。**因为你已经知道你的客户正在遭遇什么问题，所以你有能力使对话更有建设性，讨论他们必须做出哪些改变才能改善未来的结果。最好的方法是通过设计一系列问题来帮助客户提高对自我的认知，我将在本章的后续部分讨论这些内容。

（3）**核心支点。**在与客户就影响结果的原因进行对话时，销售可以要求召开一次会议，分享一些自己所了解的关于改善结果方面的内容，以及你认为在客户所处的市场和行业中有用和没用的做法，来支撑客户的发展。

（4）**建立关系**。在为客户创造价值之后，方可建立人际关系。大多数销售人员要么高估关系的价值，认为关系是成功的关键，要么低估关系的价值，认为"合适"对长期关系并不重要。销售人员很难找到其中的平衡，只是要确保不要花太多时间用于建立关系。

当涉及这类谈话时，销售人员要意识到不同的地方有不同的习俗。这一点很重要，所以应该根据自己对客户的了解调整所采取的方法。例如，在美国的东北部，比如从华盛顿特区到康涅狄格州，商人倾向于重视效率而非人际关系，所以在拜访之初就建立关系是一种错误的做法。相反，在美国南方和中西部的一些地方，不花时间介绍自己的团队、从哪里来、认识谁，都会被认为是一种无礼的表现。因此，销售人员要根据客户的属地，采取正确的方法，即意味着需要对销售拜访的流程做出相应的调整。

最重要的是，能够给你的客户和潜在客户一次有趣的体验。在我办公室的墙上，挂着克里斯托弗·希钦斯❶（Christopher Hitchens）的照片，提醒我"无趣是唯一不可原谅的罪过"。即便我现在可以原谅你，你的潜在客户也不会原谅你。

---

❶ 著名的专栏作家、记者、评论员，"全球百大公知"排名第五，《名利场》《纪事》《新政治家》《纽约时报书评》《大西洋月刊》等杂志的特约编辑、撰稿人。——编者注

勾选问题方框

在有些方面，销售人员占据了领先地位，而客户处于落后地位。所以，无论是寻找问题，还是阐述客户当前的结果与他们需要的未来结果之间的差距，都很可能为你拜访的人创造大量的价值。你一定不想成为第 30 位或第 34 位问客户"你为何晚上辗转难眠？"之类问题的销售人员。你当然也不想成为第 14 位销售人员问他们，"你希望你现在的供应商在哪些方面可以做得更好？"这些问题对客户来说是一种会反复出现的噩梦，是对专业销售的一种侮辱。

销售人员很容易不自觉地把自己商品化。如果你的穿着和言谈与其他那些登门拜访的销售人员并无两样，客户根本无法分清楚谁是谁，即便你可能真的与众不同。在销售拜访中，你会和其他人一样问同样的问题，实际上只是重复了潜在客户与其他不计其数的处于落后地位的销售人员反复进行过的对话。虽然你可以把你的公司和你的解决方案呈现成一种正确的选择，但很有可能你的客户在你开口之前就已经知道结局了。

有一次，我列了一个清单，上面列出了可能导致客户做出改变的所有原因，并将这份清单分发给我团队中的所有销售人员，让他们借此跟踪客户的问题。一位客户最终答应和销售人员一起开会，他看完清单后，拿起清单，迅速在适用于他公司的所有方框上打钩，就像他平时点寿司一样平静。随后交还给销售人员，但销售人员不知道接下来该怎么做。如果你的销售拜访只是为了发现客户的问题，找到痛点，继而推销自己的解决方案，还不如为客户提供一份问题菜单，问他们想要解决哪些问题。

或许你还未意识到，你试图想让你的公司和你的解决方案脱颖而出，结果只能导致客户体验的商品化，但是你很难找到别的方法让客户选择你而不是其他众多的竞争对手之一。然而你的行为方式越商品化，就越会被当成商品对待。摆脱这种认知的唯一方法是提供不同的、更好的客户体验。

那么如何占据领先地位颠覆传统的发现流程？不要问你的客户："是什么让你在晚上睡不着？"而是要告诉他们："这些是现在或者不久后让你睡不着的事情。"当你能够解释客户为什么正在经历当下的挑战时，你听起来或感觉上就不会像销售人员甲或销售人员乙，相反，你将以一种完全不同的方式对客户产生真正的影响。如果你能够认识到是哪些问题阻碍了客户解决他们真正的、复杂的问题，那么你就占据了领先地位。

如果你在帮助别人解决同样的问题，你一定会知道自己的潜在客户正在面临什么样的挑战。这些经历会铭刻在你的脑海中，在客户开始发言的几分钟后，你就会看到问题、挑战和机会重复上演的模式。你不需要读懂客户的心思才能知道他们为什么以及在哪些方面需要帮助，因为你每天都能看到这样的模式。

为什么你在根本不知道或不了解哪些因素会导致潜在客户做出改变的情况下，就开启了最关键的创造价值的对话？在没有坚定的信念相信你可以帮助他们改善某些具体结果的情况下，为什么要求与潜在客户见面？花时间找出哪些问题会让客户蒙受价值的损失。鉴于你已经帮助了数十或数百个客户应对过类似的挑战，我相信你早已知道客户的问题是什么。那些客户向你购买服务是因为他们需要你的帮助来解决他们的问题或消除一些损害他们结果的因素。其中的一种方法是制作一个表格，列出所有问题、根本原因以及对潜在客户的影响，这足以充当一份有效的报告。

顿悟时刻以及洞察力转移

你是否能回忆起，有一次你问了客户某个问题，他们脱口而出："这是个好问题。"客户的这种反应表明你已经占据了领先的地位，并且你刚刚创造了让他们从落后地位转移到领先地位的可能性。你的问题让他们了解了自己以及自己所处的行业，或者某个可以帮助他们在未来做出更好决定的想法。如果你还记得这样的问题，请把它写下来。事实上，你总是想要记录自己在任何时候任何地点所说出的经典语录。顶尖的销售人员都有自己的经典语录，你应该不耻下问地学习他们的语录，因为他们也是从其他销售人员那里偷师学到了这些精华。随着时间的推移，你会创造出新的语言选择。如果我听到你用这些话术，也会将其用作我未来话术的一部分。

对于基于洞察力的销售方法而言，其价值在于为客户创造了顿悟的时刻，让他们增加一些对自己的认知。而这些时刻会让你的客户认识到新的观点、新的潜力和新的选择。这些都是做出改变的先决条件。

销售人员帮助客户提高认知的 18 件事

（1）**明确客户的假设早已过时**。纠正客户错误的主要方法之一是替换他们错误或过时的假设。基于洞察力的方法允许你消除那些假设，根据当前的现实形成新的假设。

（2）**识别客户错误的性质**。你的客户在做决定时不会主动犯错，很多时候，客户犯错是因为他们向处于落后地位的销售机构中的落后销售人员购买产品或服务。销售人员可以通过提供见解和信息来帮助客户了解自己，从而确保未来做出更好的决策。

（3）**向客户提供建设性的对话。**销售人员的领先地位为决策者和决策执行者提供了一个销售对话的角度，确保他们进行某些关键的对话来改善未来的结果。

（4）**明确谁需要参与变革计划。**销售人员可以帮助客户达成共识来追求他们所需要的变化，将需要的人加入对话，确保他们能够成功地为公司做出决策，并创造出必要的凝聚力来执行新计划。

（5）**明确哪些做出了改变，以及为什么要做出改变。**当你告诉你的客户发生了什么变化以及为什么要改变时，实际是在帮助他们提高对自己的认知，即客户要如何改变才能在他们的环境中取得成功。

（6）**明确客户可以得到更好的结果。**一些公司之所以没有取得更好的结果，其中一个原因是他们不知道自己能够取得这些结果。当销售人员向客户展示可以取得哪些更好的结果时，不仅是在教会他们提高对自己的认知，还会迫使他们做出改变。

（7）**明确改善结果的障碍。**每个人都声称想要更好的结果，但有时你的客户需要你直接指出他们需要解决的障碍，以便能够改善他们的结果。大多数处于落后地位的销售代表都不愿意让客户了解这些。

（8）**明确影响业务的因素。**你会发现，对关于影响客户业务的因素的洞察力会帮助你完成很多工作，比如帮助客户认清自己在行业中的位置，以及如何准备或应对这些因素。

（9）**明确客户面临哪些新的机会。**大多数时候，客户都在埋头工作，没有抬头看看发生了什么变化，所以经常忽视摆在他们面前的新机会。通过与你的客户分享你的洞察来帮助客户发现这些机会。

（10）**分析现状所潜在的负面影响。**在一个复杂的环境中，保持现状越来越危险。客户保持现状不变的时间越长，就越落后，销售人员需要通过销售对话来帮助客户明确这些信息。

（11）**明确现在如何开始改善自己的结果。**在下一章中，你会了解到，一些最重要的建议和推荐与你的公司、产品或服务几乎没有任何关系。你可以帮助客户发现他们需要如何改善他们的结果。

（12）**明确现在停止做什么来改善自己的结果。**有时候，客户需要你帮助他们明确自己需要停止哪些做法。曾经有一家公司突然给我打电话，让我停止做某件事，听从他们的建议后，我的结果就得到了极大的改善。

（13）**明确客户需要被迫做出哪些改变。**这是一个非常重要的问题，你会发现这个问题也是本书和领先方法所重点论述的一部分。若想成为一个称职的战略合作伙伴，必须要积极主动，特别是你能够指导客户在被迫改变之前积极做出改变，帮助客户避免损失。

（14）**明确如何评估不同的方法。**在后面关于三角策略的章节中，你将了解到如何帮助客户评估他们选择的合作伙伴和提供价值的策略，包括客户在损害结果之前并不知道自己已经做出了哪些让步。

（15）**明确客户无法获得哪些洞察力。** 客户之所以无法了解你的洞察力，是因为他们缺乏你的经验。通过帮助你的客户改善他们的结果，你可以学到很多东西，而你学到的所有东西反过来也将帮助客户提高他们对自我的认知。

（16）**明确对其他公司有效的措施。** 客户不能到访其他公司，并要求他们告诉自己他们应该如何提高自己的结果。然而，你能够非常深刻地了解哪些措施对其他公司是有效的。

（17）**明确哪些措施不起作用，以及为什么。** 有时，曾经非常有效的措施不再有效，对于客户而言，他们需要知道自己偏爱的方法已不再有效的原因。当你能解释原因时，就能帮助他们进一步了解自己的公司和他们需要在哪些方面做出改变。

（18）**明确如何更好地追求改变。** 你的客户可能希望并需要改变，但不知道如何去追求他们所需要的改变。你可以告诉客户如何才能做出真正的改变。

帮助客户发现问题

最好的发现问题的策略是向客户提问，让客户意识到他们错过了什么，并借此让客户意识到自己也有新的选择。例如，在你开始阅读本书之前，或许以下这个问题可能会对你有所帮助："我们了解到，59% 的买家不想与销售人员会面，因为他们不相信销售人员在帮助他们完成议程。相反，他们只是在推销自己的解决方案。为了在销售对话中创造更大的价值，你做了哪些核心改变？如果已经做出了改变，你是否开始考虑新的策略？"

在你开始领先之旅之前，你或许并未意识到销售对话是你创造价值、使自己与众不同和赢得客户的主要工具。如果你还未对你的销售方法做出任何改变，那么你可能已经意识到了自己的差距。在这一点上，我希望你已经制定了一份重要的改进列表。

在我们看一些其他的例子之前，记得先问一些巧妙而有效的问题。在上面的问题中，如果我省略了"如果有"和"你是否开始考虑任何新的策略"这两个短语，你可能会怀疑我的意图，甚至会对这个问题感到不安。领先并不意味着要客户承认自己处于落后的地位。好的话术是为了缓解客户的自我驱动需求，在面对你和你提出的挑战性问题时自我保护。（在第十一章中，你会了解到一种直接而坦率的方法。在有些情况下，这种方法是促使客户做出改变的必要手段，但这是后续的内容。）

下面是一些应用相同原则的示例问题。

● "在过去的 6 个月里，你是否围绕关键结果做出过任何新的举措，你是否开始讨论在未来 12 个月里可能需要做出哪些改变？如果还没有，我是否可以分享一些我们认为有用的做法？"

这个问题表明，有必要采取一定的行动，并且客户应该更早开始行动，但这并不表明客户对自己的业务不够尽职尽责。

● "你的团队在应对这些挑战方面准备得如何？在应对变化方面，你认为他们的能力如何？"这是一个买方洞察力的问题，它教会客户在需要改变时考虑团队的准备情况，并达成共识。

● "根据你的时间表做出改变是否更有效？如果你被迫在自己无法选择的时间轴上完成这一计划，将会遇到什么挑战？"这是一个基于价值的问题，它向客户展示了潜在的后果。

● "你会有这样的经历，是因为当你选择他们的最低价格时，他们不会阐明实际你做出了哪些让步。是什么让你意识到事情并没有向你预期的方向发展？"鉴于这是一个揭露真相的不太友好的问题，所以销售人员必须利用最娴熟的技巧谨慎地提出这样的问题。一旦提出这样的问题，则需要仔细观察客户对自己的反馈。客户已经了解到，价格较低的产品实际会让自己做出一些让步，但在他们购买之前，没有人会事先告知他们做出了这些让步。

你可以在第十章介绍的三角策略中找到攻击竞争对手背后的策略，"三角策略"是帮助客户改善决策和结果的核心方法之一，你可以在不损害彼此关系的情况下帮助客户提高对自己的认知。在这种情况下，销售人员实际是在告诉客户，最低的价格不等于最低的成本，二者不能画等号。这也会帮助客户认识到他们做出了从未有人袒露过的让步，也将促使他们在未来提出更多更好的问题。这比我们之前介绍的内容更为沉重和深入，但专业的销售需要你发现大多数人没有意识到的问题。

如何帮助客户发现问题

我们已经确定传统的"问题—痛点—解决方案"销售拜访模式如今已经完全被商品化，任何被商品化的东西都缺乏与众不同的价值创造过程。为了帮助客户提高自我认知，销售人员不仅要看到客户看不到的东西，也要看到竞争对手看不到的东西。其中的一些线索非常微妙，但所有的线索都有可能给正在挣扎的客户一些重要的提示。

主观观念

就我个人而言，我不太热衷于追求现实。没有人咨询我对宇宙中事物如何运作的看法，也没有人询问我如何看待这颗不起眼的小石头绕着一个巨大的火球旋转，里面住着一些令人讨厌的人。但依我看，现实并不会被我的观点所左右，也无法左右你的客户认同的观点。你的客户可能不喜欢自己当下的现实，但如果他们想要取得更好的结果，就必须接受现实。

你的一些客户会抱有一些与现实相冲突的信念和假设。例如，我的一位客户认为劳动力充足且廉价，这种主观的错误观念会阻碍他们取得所需的更好的结果。

人们坚持自己的主观观点。每个人都尽力捍卫自己坚持的观点，避免受到任何与之相左的攻击。但销售人员需要更加明智，在做好充分调查的基础上，利用所有必要的交际手段，帮助客户认识到他们的观点不仅不够全面，而且会导致严重的后果。在后续的章节中，我们会讨论你可能会问到的问题以及何时可以分享自己的观点。在这个例子中，我们会用征求式的态度询问客户："如果可以的话，我能否与您分享一些数据以及我们所理解的这些数据的含义？虽然这些数据还没有被广泛传开，但它很好地解释了过去 18 个月发生的变化。它现在或许能给您带来明显的优势。"

客观证据

有时，客户有证据来促进洞察力的转移。我的一个客户告诉我，他业绩前 10 名的销售人员成交率超过 90%。这句话既让我印象深刻，又让我有点怀疑。我告诉客户，如果这个数字是准确的，他应该通过让销售人员竞争的方式，提高成交的难度，把这个数字降低到 40%。与此同时，他回顾了他们想要成交但最终失败的交易。结果显示，他们的平均成交率虚高了 10%。他们高成交率的秘诀在于没有记录失败的交易。

我敢打赌，有很大一部分销售人员从不向客户索要任何数据，这些数据可能会包含客户自己的见解，所以无法让客户更清晰地了解自己的业务和业绩。在一家公司，我要求客户提供财务信息，以证明他们的支出比他们想象的要高得多。有很多种获取数据的方式，但我想说明以下这个例子："您能帮我分析一下这三个指标吗，以便我们了解您为了提高该领域的结果，会优先考虑哪些因素？"专业提示：不要做任何可能让你的客户认为你在评判他们或他们所作出的结果的事情。

文化和共识之间的冲突

对于销售人员而言，最幸运的就是理想客户或决策者曾经拒绝与你见面，但他之后找到了新的工作，他的职位被新的领导取代。尤其是在上任初期，大多数新领导普遍都较为急功近利。但是因为他们不了解新团队的文化，他们试图占用超出他们能力范围的大量关系资本，耗尽自己的关系资源。领先的方法使得销售人员帮助客户明确自己需要建立共识来解决问题。你可以通过问一个简单却具有挑战性的问题来帮助解决客户的认知差距："您是否已经启动了建立共识的过程或开始建立可以帮助自己带领团队的指导团队？"

与环境的冲突

销售人员很容易能够辨别出不断变化的环境中的冲突，从而阐明客户面临的挑战和可能性。像百视达（Blockbuster）这样的公司没有意识到未来是流媒体的时代。出租车行业不相信未来的出租车根本不带出租车的标志，只需要一款应用程序就能收获更好的乘车体验。你的客户需要一个更具前瞻性的视角，这样他们就可以足够早、足够清楚地发现这些挑战，以便在它们发展成问题之前采取行动。你可能会问这样一个问题："你是否已经开始应对人口结构的变化，使得获取和服务你的客户付出更高的成本？"

这些问题为你提供了许多机会，帮助你的客户更清楚地认识一些事情，提高对自己的认知。它们就像透镜一样，帮助你和你的客户用更具前瞻性的视角观察事物。通过客观证据和对事实的镜头，销售人员可以发现客户的假设、观念、文化和环境是如何共同造就了一个复杂的问题。在下一章中，我们将介绍如何综合运用这些视角并重新聚焦问题，以找到真正的解决方案。

第五章

销售人员作为建构
感知者的作用

CHAPTER 5

真正重要的东西是眼睛看不到的。

——安东尼·德·圣-埃克苏佩里

（Antoine de Saint-Exupéry）

当你转换视角看世界时，会发现一个不一样的世界。在我的一生中，我一直在寻找能让我更清晰地认识自己、他人、世界和现实的本质的视角。但不幸的是，并不是每个人都以此为目标。我们生活在一个极度两极分化的时代，人们甚至都不愿意承认他人的观点，更不用说尊重。个人和职业发展的关键之一是超越自我，这样你不仅可以尊重他人，还可以理解他人的视角。以下几个示例很好地说明了其他领先专家是如何帮助我达到这个目标的。

1995 年，我碰巧看到巴诺书店（Barnes & Noble）新出版的非小说类图书，注意到其中有一本书的封面有些怪异，书的标题也有一定的煽动性，书名为《金星法则：对历史力量的科学探索》（*The Lucifer Principle*：*A Scientific Expedition into the Forces of History*），作者是霍华德·布洛姆（Howard Bloom）。这本书是模因论的大师课程，阐述了思想之间是如何竞争的。你可能认为你拥有想法，但实际是想法拥有你。它们就像病毒一样，感染每个个体并迅速传播。最强的竞争对手会阻止别人取代他们。如果你要被思想感染，那也只能是被那些可以改善自己的生活和处境的思想所感染，拒绝那些会限制你生活方方面面的限制性思想。受布洛姆的作品（以及我们的友谊）的影响，我将介绍我所认为的前瞻性视角，它给我提供了更清晰的认知和更多的信息。

2001 年，我发现了纳西姆·尼古拉斯·塔勒布（Nassim Nicholas Taleb）写的一本书，书名叫《随机漫步的傻瓜：发现市场和人生中的隐藏机遇》（*Fooled by Randomness：The Hidden Role of Chance in Life and in the Markets*）。塔勒布是一名职业交易员，这本书是他第一次尝试解释为什么我们不认可随机性。相反，他试图通过构建一种解释来理解我们的世界，使一切都不再随机。他的第二本书《黑天鹅：如何应对不可预知的未来》（*The Black Swan：The Impact of The Highly Improbable*）用更清晰的观点阐释了我们试图鲁莽地预测无法预测的事情的行为。他的第三本书《反脆弱：从不确定性中受益》（*Antifragile：Things That Gain from Disorder*）提出了一种观点，我们不仅可以避免无序带来的伤害，而且可以从中获益。这三本书都值得你花时间读一读。

后来，时间来到 2015 年，我读到了一篇关于肯·威尔伯（Ken Wilber）和整合理论的文章。整合理论是一种包含了其他所有视角的认知模型。威尔伯将整个宇宙的 4 个象限分成个体外部、个体内部、集体外部和集体内部。在这 4 个象限中，我们可以找到线条、层次、状态和类型。收听音频节目《科斯米克意识》（*Kosmic Consciousness*）是了解威尔伯观点的最有效的方式之一。节目记录了一次长达 12 个小时的采访，让你认识到他的幽默感和他给自己的工作增添的乐趣。威尔伯是我的朋友，也是我的导师。他告诉我，尽管有些力量可以让我们超越目前的水平，但还有更多的力量试图让我们（和我们的客户）坠入深渊。

我们看待这个世界的角度，受限于自身有限的知识、有限的经验、有限的理解，以及所汲取的所有思想。此外，每个人的观点都受到文化规范的影响，包括客户所在公司和行业的规范。你的客户只能看到现有的视角所涵盖的东西，包括他们如何看待问题、挑战和机遇。为了帮助客户开拓和增强他们的视野，你必须为他们提供一个更具前瞻性的视角，使客户借此做出更好的决策，取得更好的结果。

具有前瞻性视角的价值

要想占据领先地位，销售人员需要为客户提供更具有前瞻性视角。而你目前也已经用你的洞察力、你的纠正客户信息差的能力以及帮助他们了解自己的能力使这一视角更加清晰。执行这些战略和战术将为你创造巨大的优势，进而为客户创造更多的优势。最后，这种视角还将使你从竞争对手中脱颖而出，免受他们过时和落后的传统方法的影响。

想象一下，你的潜在客户正在通过望远镜观察事物。镜头有点模糊，所以很难清楚地看到前方的地形。医学上有一种"生理盲点"的说法，即正常视野中出现一块盲区。这就是你的客户通过望远镜看东西的状况，他们对自己的业务、问题和未来的看法不够完整。为了帮助他们看到前进所需的东西，你只需要接过他们的望远镜，换上一个能让他们清楚地看到正前方的地形的新透镜。如果没有更具前瞻性的视角，你的客户会在缺乏全面了解的情况下做出决定，导致最终无法取得理想的效果。

决策者、决策执行者和购买者感到懊悔的原因是他们事后意识到自己做出了错误的决定。这种懊悔通常出现在他们了解到了一些新的信息，而这些信息可能会导致他们做出不同的决定，比如当他们了解到自己的新方法（或他们拒绝改变）未能产生更好的结果。切换到前瞻性的视角可以给他们提供做出下一步战略决策所需的信息，从而大大减少购买者的懊悔。

复杂、混乱和瘫痪

前瞻性视角的部分价值在于，能够使客户了解其业务和环境的复杂性。密歇根大学的复杂科学教授斯科特·佩奇（Scott Page）就复杂性给出了这样的定义："当我们认为一个事物具有复杂性时，实际是指它由相互依赖的、多样化的实体组成，并且我们假设这些实体能够适应内部和外部环境。"人类最终会适应环境，但复杂性往往会导致适应过程受阻，无法对环境做出恰当的反应。假设和主观信念给领导人一种错误的安全感，让他们相信一旦出现问题，他们会有足够的时间来应对。例如，那些认为自己的组织规模足够巨大绝对不会倒闭的领导者们，可能迟迟不对外部因素做出反应。

2007 年，时任苹果公司首席执行官的乔布斯宣布推出iPhone，在此之前，诺基亚和黑莓一直是手机市场的主导者。优步（Uber）成立于 2010 年，但纽约市出租车在几年之后才启动应用程序（上一个以 100 万美元购买纽约市出租车牌照的人做了一个糟糕的决定，他并没有意识到牌照很快就会变得一文不值）。

复杂的环境使得我们很难知道做什么以及什么时候做。当人们不确定的时候，等待就会成为一种安全的选择。你从事销售工作的时间越长，越会发现客户等待的时间往往超过他们应该解决问题的时间，而这些问题最终会损害他们的业务。但当销售人员处于领先地位时，可以创造确定性，帮助客户在他们蒙受损失之前采取行动。

领先的建构感知：拓宽视野

我无法忍受人们对销售人员咄咄逼人、不诚实、一无所知的负面刻板印象，尤其是在 B2B 和 B2C 的销售中，销售人员已经不再有类似最恶劣的行径之后，这种刻板印象仍然存在了很长一段时间。尽管如此，当今的许多销售人员仍然对缺乏价值创造感到内疚——也就是说，他们总是在浪费潜在客户的时间而先去解决自己的问题。实际上，销售人员和他们潜在客户的命运是紧密相连的，客户面临的问题也是销售人员面临的问题。

从人群中随机找到一位销售人员，询问他们是否认为自己应该解决客户的问题。销售人员会大力点头表示同意，然后告诉你他们如何通过向客户推销问题的解决方案来帮助客户。即便再多调查 9 位销售人员，也几乎会得到差不多相同的回答。但你会发现，这些销售人员缺乏对一系列深层问题的关注，这些深层问题使客户未能在现状带来不利后果之前摆脱现状。

在第三章中，我们意识到信息差仍然存在，但内容已经发生了变化。现在，客户很容易了解到关于你的公司和产品的信息，但他们很难理解自己的行业，寻求解决他们问题的方案，并帮助其他利益相关者认识到这种改变的必要性，从而与自己应该采取的行动保持一致。更具前瞻性的视角能使客户占据领先地位，也是平衡新的信息差的一种方法。

销售人员和客户之所以难以解决客户提出的问题，即最初驱动客户寻求帮助的问题，是因为客户忽略了一系列糟糕的问题拖了他们的后腿。一个问题之所以会引发不良的后果，是因为客户抗拒解决问题，特别是当复杂的相互依赖关系和整体矛盾表明解决一个方面的问题可能会暴露或产生其他问题的时候。

这个世界不断出现新的棘手问题，即我们和客户所处的复杂商业环境正是"不完整的、相互矛盾的和不断变化的需求"的缩影。你的客户和我的客户之所以难以改变，我认为一部分原因是这些问题没有单一的解决方案，并且不能确保这种情况一定会得到改善。

你的客户不按照你习惯解决问题的方式采取行动，最大的原因在于他们缺乏确定性。你的领先地位能够帮助他们了解复杂的情况，提供更具前瞻性的视角，带来更多的改变和更清晰的认知。与其他策略结合使用，才能确保自己的领先地位，让客户用一种发展的视角来看待问题。

专业销售不断发展的原因是销售人员一直在帮助客户解决他们的挑战和问题。但随着客户的问题日趋复杂和困难，销售人员必须改变自己的应对方法。我们刚刚开始追求的变革是一次重大飞跃，需要解决一系列新问题。销售人员之所以讨厌这些新问题，是因为从职业的角度出发，他们仍需做大量的工作来解决这些问题。销售人员只有开发和实践了领先策略，才能更好地解决客户的棘手问题，成为一个"建构感知者"——能够理解客户为何会陷入错综复杂的网络的人。

处理自己的栖息地

大卫·斯诺登是威尔士的一名管理顾问，我最开始关注他的研究是他与加里·克莱因（Gary Klein）合著的一篇论文，文中他创建了一个探讨如何更好地应对环境的框架。这个框架被称为"Cynefin 框架"，"Cynefin"是威尔士语❶，意为"栖息地"。就像每个管理框架一样，这个框架将决策分为 4 个场景。分别是：

（1）**简单场景：** 该场景中有明显的因果关系，正确的回应是感知—分类—响应（Sense-Categorize-Respond）。在这一场景中，最佳实践占主导地位。

（2）**繁杂场景：** 当情况变得更为复杂时，需要分析事件的因果关系，正确的回应是感知—分析—响应（Sense-Analyze-Respond）。在这一场景中，良好的实践主导着决策。

---

❶ 威尔士语是凯尔特语族之下的一种语言，在威尔士（Cymru）约有 300 多万人（2012 年统计）使用该语言。——编者注

（3）**复杂场景**：使事物变得复杂的原因是人们在事件发生后才能知晓的，正确的回应方式是探索—感知—响应（Probe-Sense-Respond）。

（4）**混乱场景**：该场景认为因果关系处于系统的层面，正确的回应方法是行动—感知—响应（Act-Sense-Respond）。

从来没有人说过领先很容易！虽然你不需要成为混沌理论或复杂性方面的专家，但你需要知道，通过帮助客户有效地探索、感知和响应，可以为客户创造价值。而我的理论是，大多数客户意识到他们需要解决自身的问题和挑战，但他们不断挣扎，因为他们对环境和结果缺乏确定性。在采取任何行动或追求任何形式的变革倡议之前，需要达成共识，这使得客户解决问题和挑战变得更加困难。帮助一个人确定前进的方向是一回事，但是和另外13个人一起重复这个过程并且让每个人都朝着同一个方向前进，则是一个极为艰巨的问题。

正如我们所了解到的，"领先地位"要求销售人员领导客户，用自己的洞察力纠正阻碍他们做出最佳决策的信息差。但现在，我们还需要加上另一个战略性的超级力量：建构感知。

建构感知与领先地位

在过去，当谈到你的公司、你的产品，甚至你的行业时，你需要成为这方面的专家。而现在，成功需要你付出更多的努力。你需要在阻碍客户做出改变的问题方面占据领先地位。在我们开始实际的建构感知之前，你需要明白，有很多不同的框架来理解甚至定义建构感知。组织理论家卡尔·E. 魏克（Karl E. Weick）提出了建构感知这个术语，用于描述人们如何将意义赋予自己的经历。就销售人员而言，建构感知意味着帮助客户充分了解他们的世界，以便他们能够采取必要的行动做出改变。（注：此处的建构感知框架基于"内心冒险（Inner Ventures）"的框架❶，并加入了我自己的见解。）

首先谈谈主要的输入。

● **信息。** 现在的数据比以往任何时候都多。虽然你可能认为更多的数据能够提供更多的见解，但相互冲突的数据和观点可能会让你更不知道应该相信谁，应该相信什么。作为感知的建构者，应该选择客户需要的数据，从而了解他们问题的性质以及如

---

❶ Stephen Danelutti, "Making Sense of Sensemaking," Inner Ventures，May 31, 2016.

何理解他们的行业。

● **经验**。虽然你和潜在客户都有经验，但真正让你领先的是你有更多的经验来帮助解决他们遇到的问题。这种经验能让你更深入地了解正在发生的事情、对潜在客户的影响、哪些做法可行、哪些做法不可行，以及如何来评估这些选择。

有了这些输入，构建感知还应该考虑以下几个因素：

● **价值**。当涉及帮助客户理解他们的行业时，第一步是辨明输入的价值。你要确定趋势和发挥力量来解释正在发生的事情。

● **影响**。这其中涉及双重的影响。首先，你要确定对客户的影响。其次，销售人员还要判断它对你的潜在客户的影响，因为这与提升他们的理解有关。

● **时间价值**。构建感知的输入应该有助于解释为什么事情会呈现现在的状态，同时也指明了客户的未来。这里是你建构感知的关键输出。

● **理论**。构建感知为你提供了一个关于正在发生的事情的理论。而你的理论是由你的知识、经验和洞察力组成的。

● **叙述**。叙述是我们了解外部环境的方式之一，无论是新闻故事、评论，还是童话故事。引人注目的叙述是你为客户提供更具前瞻性视角的方法之一。

● **策略**。在理想的情况下，基于对客户处境的再次理解以及如何最好地应对，构建感知应该会形成一个向前发展的策略。

● **行动**。当你能帮助客户了解他们的行业时，实际是为他们找到了机会，提供你的建议和推荐，确定他们需要采取的具体行动来改善他们的地位。

菲尼克斯大学未来研究所撰写的报告《2020 年最重要的 10 项工作技能》（*Future Work Skills 2020*）中，将构建感知列为未来首要的工作技能。他们将构建感知定义为"确定所表达事物的深层意义或重要性的能力"。排名第二的是社交智力，被定义为"以一种深入而直接的方式与他人交际的能力，感知并激发反应和期待的互动的能力"。排名第三的是创新和适应性思维，被定义为"精通思考并提出解决方案和对策，而不是机械性的，或基于规则的回应"。

这三个词听起来并不陌生，领先的销售人员能够量身定做自己的未来，但未来不会善待那些落后的销售人员。

开始建构感知

为客户提供更具前瞻性视角意味着帮助他们解决一些之前没有经过训练、指导或此前未能很好地解决的问题。但不幸的是，这意味着你和潜在客户都处于落后地位，但你只是暂时处于落后地位。在此之后，你将处于领先地位，并做好更充分的准备，帮助客户摆脱他们的落后地位。作为销售人员，必须成为解释自己公司和客户公司能够产生合作之处的专家。你不必成为客户业务方面的专家，但你必须成为能解释趋势、力量和因素的专家，这些有助于客户理解他们的行业。

以 B2B 销售为例，演示销售人员如何理解客户的行业。在撰写本书时，B2B 的购买形势如下：

- 《哈佛商业评论》指出，70% 的 B2B 变革计划都失败了。[1]
- 有证据表明，只有 5% 的数字化转型达到了预期的目标。[2]
- B2B 销售人员占用了买家大约 5% 的时间。而高德纳公司的研究显示，买家花 27% 的时间在网上做调研，17% 的时间与潜在合作伙伴共处。[3]

在这种情况下，销售人员应该反思并回答两个大问题：

（1）我们正在做什么（或者允许客户做什么）导致客户的失败？

（2）我们应该做什么（或者停止做什么）才能争取客户更多的时间，并取得更好的结果？并将这两个问题的答案融入建构感

[1] Nadya Zhexembayeva, "3 Things You're Getting Wrong About Organizational Change," Harvard Business Review, June 9, 2020.

[2] Laurent-Pierre Baculard, et al., "Orchestrating a Successful Digital Transformation," Bain & Company, November 22, 2017.

[3] Gartner, "The Chief Sales Officer's Leadership Vision for 2021" webinar（n.d.）.

知的过程。

● **信息和经验**。我选择了我认为可以为客户提供更具前瞻性视角的信息，希望客户从 B2B 的视角理解所有的信息。我之所以引用我的消息来源，是想让你明白，我正在与你分享我富有洞察力的意见，并且得到了第三方的证据支持。通过这个更具前瞻性的视角，我帮助你看到了实现交易所面临的挑战，证明我们在为客户解决他们的问题方面提供必要的帮助。

● **影响**。你或许还未意识到趋势、力量和因素使买家及其组织的运营变得更加困难，并损害他们的结果，主要是因为我们对这些事情谈论得不够。尽管还会有其他的趋势、力量和因素的影响，但我选择了我认为能产生最大影响和时间价值的那些因素。

● **理论**。我的观点表明，专业销售的核心挑战是为客户创造有意义的价值，因为这与他们的决定有关。这个理论以我的经验为基础，并且有强有力的证据支持。

● **讲故事**。这个故事是关于客户需要从销售人员那里得到什么，为什么一些销售人员不能满足客户的需求，以及销售人员做出哪些改变才能提高客户和自己的业绩。在我的内心深处，我相信大多数销售人员真的想帮助他们的客户，但他们还没有找到适合当今商业环境的做法。上述事实和数据提出的问题表明，有一些方法可以遏制这些棘手的问题，并将它们置于可控的范围。这种方法不仅提供了一个更具前瞻性的视角，而且还提供了新的观点，即客户可以对这些问题采取一定的措施，但前提是有领先的销售人员提供能够帮助他们的忠告、建议和推荐。

● **策略和行动。** 正如你已经了解到的，主要策略是利用你领先的能力和意愿来帮助客户缩小他们在知识和经验方面的差距，但首先要帮助他们了解自己的行业。

为什么决策者和决策执行者要寻求可信的顾问

亚里士多德是亚历山大大帝（Alexander the Great）的老师，为他出谋划策，让被他征服的民族保持他们的习俗和文化。这种做法从本质上说是一个观察人性的更具前瞻性的视角，亚历山大大帝用它来避免敌人的政治自主性所引发的困境。

哈利·霍普金斯（Harry Hopkins）是富兰克林·罗斯福总统的商务部部长。罗斯福非常依赖霍普金斯的建议，以至于丘吉尔直接找到霍普金斯，请他帮助说服罗斯福参加第二次世界大战。霍普金斯为罗斯福提供了关于政治和地缘政治世界的视角，从而改变了他的观点。

在查理·芒格（Charlie Munger）的建议下，沃伦·巴菲特（Warren Buffett）改变了自己的投资方式。他与巴菲特的第一位顾问本杰明·格雷厄姆（Benjamin Graham）提出了相反的建议，芒格建议他收购大型公司并永久持有。这一建议为巴菲特提供了一个更敏锐的视角来看待投资决策。在此后的几十年里，芒格的建议为他创造了数千亿美元的价值。

正如这些例子所示，许多成功人士身边大都有专业的顾问，这些顾问能让他们对自己的世界和所作出的决定有更清晰的看法。他们希望能够预见未来，预测未来，找准自己和企业的定位，从而获得成功。

再回到本书的中心思想之一：销售对话是销售人员为客户创造价值的唯一工具。如果客户不相信你的建议，根本不会向你购买产品。要获得这种信任，你必须给他们一个新的视角，让他们能更清楚地认识自己的行业，以及如何更好地做出未来方向的决策。

想象一下两个销售人员争夺一位客户的业务的情景。第一位销售人员专注于探索客户的主要问题，这个问题已经损害了客户的业绩。这位销售人员用一种可以与马丁·斯科塞斯 ❶（Martin Scorsese）相媲美（我知道事实上没有人能真正匹敌斯科塞斯）的技巧讲述自己公司的故事。销售人员对他们公司的解决方案了如指掌，能完美地解释自己的解决方案为什么最适合潜在客户。

第二位销售人员没有询问客户现在面临的问题，而是向客户

---

❶ 马丁·斯科塞斯：意大利裔美国导演、编剧、演员。——编者注

解释导致他们问题的趋势和力量。通过这种做法，他提供了一个更具前瞻性的视角，买家透过这个视角可以看到他们的行业，以及他们需要做出哪些决定才能改善结果。第二位销售人员透过这个视角，使客户对自己的问题有了新的认识，这是第一位销售人员没有做到的。第二位销售人员首先提供解决问题的建议和推荐，而不是推销他们的解决方案。

第一位销售人员的建议和推荐仅限于"从我和我的公司购买我的解决方案，我们将解决您的问题"。第二位销售人员的建议和推荐是"通过这个视角更清晰地认识到自己的问题，然后考虑以下的措施来改善自己的结果"。相比于第一位销售人员，你要成为第二位。你要帮助客户看到一些他们看不到的东西，但直到你提供了一个更具前瞻性的视角，拓宽他们的视野，让他们看到更多的细节，同时也不会忽视对大局的看法。

作为销售人员，你一定不想自己的销售方法只能赢得一笔交易、一个项目或一个订单。相反，你应该着眼于赢得客户。一旦你通过改善客户对行业和他们的结果的看法，确立了自己作为领先顾问的地位，势必会赢得客户的所有业务。若想在下一笔交易中获得绝对的、不容置疑的权利，必须提供改造客户观点的视角。所以不仅要获得订单，还要获得客户的支持。事实上，真正的领先销售能够省去决策者、决策执行者和利益相关者的努力，因为他们会很高兴地让你在未来一段时间指导他们。

你的公司、你的产品、你的服务、你的解决方案、你的客户名单、你在行业中所处的位置、其他客户的推荐和证明，以及你巧妙地引导潜在客户发现自己面临的问题的聪明方法等——这些都不是建议，它们都不能帮助你成为客户信任的顾问。相反，你必须更透彻地了解客户的现实和他们所要作出的决定，把自己定位为一位感知的建构者和值得信任的潜在顾问。

第六章

占据领先地位的优势

从观察世界的角度看，单一的领先地位只是一个极其狭隘的领先地位。

——阿莱斯特·克劳利（Aleister Crowley）

正如我在本书的开头已经发出的警告，傲慢自大是占据领先地位最大的威胁。例如，请思考下面这段话的语气：

如果由我来决定我们中的谁来决定采取哪些措施来改善结果，我会坚持认为我应该领导这一过程，因为我处于领先地位，而你处于落后地位。你可能认为你在这个过程中应该有一定的发言权，因为你希望得到更好的结果，我完全赞同并支持你的看法。这个过程中的任何冲突都可能是由于你试图回避一些重要的对话或承诺，在这种情况下，我应该替你做出决定，你应该听从我的判断。

但我希望你在和你的客户对话时，永远不要使用以上这些表述。尽管它披上了一层谦卑的外衣，但实际却是一种卑躬屈膝的奉承，上一段话中的每一个字都是为了让听你说话的人觉得自己处于落后地位。这样他们就永远不会忘记你的卓越能力，但他们也绝不会把你视为合作伙伴。这就是为什么领先的其中一条规则是永远不要让对方觉得自己处于落后地位。虽然这段话很拗口，但你必须相信其中的每一个字，让上述的想法驱动你自己的行为。

你必须引导客户通过他们需要的对话来达到他们想要的结

果，不能仅仅因为出现冲突或挑战你的权威而停止领导客户。最称职的领导往往都是最出色的外交官。例如，在这种情况下，你可以通过问一个简单的问题来执行相同的步骤："我能和您分享我的担忧吗？希望借此帮助您取得持续的进步，更好地处理一些会阻碍你获得更好结果的挑战。"切忌傲慢、狂妄、发生冲突。相反，应该提出忠告、建议。

销售人员不能在不领导客户的情况下指导客户，但如果每次谈话都是在展现自己的优越感，就无法真正地领导客户。当我们探索销售人员如何利用自身的领先优势地位来促进购买行为时，请不要忘记，你的语言和态度与你所能提供的见解同样重要。

你的销售问题实际是购买问题

你或许听说过这样的观点：要想成交，你只需要"销售好产品并解决客户的问题"。虽然这些东西有所帮助，但传统的解决方案实际上阻碍了销售人员和销售组织产生更好的结果，因为它没有服务好自己的客户。"卖出问题，解决问题"的方法限制了销售人员占据领先地位的能力，因为它没有让你看到真正阻止自己赢得交易的原因究竟是什么，即客户的购买问题。

销售人员要想领先，必须区分两种问题。第一种，客户正在经历的问题恰好是你已经准备好解决的问题，比如劳动力短缺、物流效率低下、沟通不畅或员工士气低落。第二种，还有一些深层次的战略挑战阻碍了他们的改变和结果改善。处于落后地位的销售人员经常只发现了第一种问题，却没有意识到第二种问题。但是，如果你不能帮助你的客户从一开始就提高他们解决问题的能力，那提供多少解决方案都于事无补。

不管你接受了什么样的销售教学和训练，你的销售过程和销售方法很可能只关注自己的成功，而不是满足客户的需求。事实上，所有关于"销售过程"的宣传都在说明，它将提供一种可复制的、按数字计算的方式来赢得的交易方式，帮助每位销售人员实现他们的目标。因此，销售支持就变成了提高销售人员遵循方向和（以某种方式）提高客户效率的能力。但这两个过程都不能帮助你的客户和利益相关者确保他们顺利解决购买问题。事实上，几十年来，很少有销售组织会认真关注他们的客户公司在购买方面所面临的挑战。

即使没有看过你介绍自己的销售过程的幻灯片，我也能猜出来它包括哪些内容："目标""资质""发现""演示""谈判""输赢"。如果你浏览过相关的营销网站，你会了解到包括"市场合格的潜在客户""销售合格的潜在客户"等在内的11个步骤，以及一些甚至是不必要的步骤，这些步骤只是提供了一些营销自己的工具。你是否觉得这些步骤听起来非常熟悉:"发现问题""探索""评估""购买",如果你的营销团队位于硅谷附近的某个地方,那么最后一个步骤很有可能就是"布道者"。

这些模式并不全都没有用,它们至少可以让你知道你所处的位置,并为你提供一些方向。我一直对线性销售过程持怀疑态度,认为动态对话不适合经过简化的模型。虽然概述销售过程和买家的流程本质上并没有什么错误,但是销售支持的观点并不是买方支持的观点,并且已经被证明不足以帮助公司改变和改善他们的结果。所以我现在更加确信,在任何时候,领先的敏捷性胜过所有的幻灯片。

给销售人员最糟糕的建议

一位朋友在领英(LinkedIn)平台上写了一篇文章,其中写道:"销售人员要以买家想要的方式销售。"我不得不承认我深受触动,并且忍不住想要发出自己的评论。他的想法非常危险,对B2B 行业所产生的糟糕结果负有很大的责任。客户表示,他们想从洞察力型组织开展的调查中了解到自己的哪些行为未达到标准,尤其是与大公司合作时的做法,客户不知道他们跳过对话会降低自己成功的可能性。单纯遵循客户的建议会让销售人员处于一种落后的状态：顺从、被动、卑微，像快餐店收银员一样随时准备接受订单。如果你所做的只是接受（或服从）客户的命令，那就根本无法为客户创造价值。

是时候提高你与客户互动的水平了。这样想吧，你每天都在指导公司取得他们所需要的更好的结果。你的客户只是偶尔改变，他们对如何更好地做出决定缺乏相关的专业知识。他们需要考虑哪些因素，哪些必要的步骤，以及什么选择对他们才有利。因为你有更多的经验，所以理应领导客户进入一个有促进作用的、以需求为基础的购买行为。

"有促进作用"这个词表明销售人员领导客户和其他利益相关者参与对话。"以需求为基础"意味着销售人员知道潜在客户需要做什么才能做出成功的决策、改善自己的结果。就像我在珠峰大本营遇到的夏尔巴人一样，带领许多人登顶，帮助他们安全抵达。你的客户甚至很少攀爬这座山，所以让他们领导登山之旅注定会以失败告终。你的客户都是经验丰富的聪明人，但你占据领先地位，因为在要求他们做出决定方面，你有更丰富的经验，能够推动他们的业务向前发展。

在我们更详细地描述有促进作用的、基于需求的购买行为之前，让我们看看买家不能购买或不愿意购买是出于什么原因。

为什么买家不能购买

纵使买家必须做出改变，也有大量的挑战阻止买家做出改变。无论你的产品或服务能解决什么问题，必须首先处理那些阻止你的决策者和决策执行者采取行动的复杂情况。当你占据领先地位，你完全可以识别和解决这些复杂的问题，让你的潜在客户在销售对话中取得进步，并最终改变自身的处境。因此，销售人员需要注意以下几个地方。

● **不确定性。**一般情况下，客户在经历不确定性时，很难会选择做出改变。你的"解决方案"可能能解决眼前的问题，但对解决不确定性问题却丝毫不起作用。在后续的章节中，你将了解到如何制造负面结果的确定性，并最终创造出能够得到更好的结果和转变的确定性。

● **了解有限。**你的许多客户对他们的问题知之甚少，甚至不知道应该如何解决自己的问题，他们可能觉得自己没有能力决定改变或做出改变。当他们对情况了解有限时，最简单的决定是什么都不做，等待更好的信息。销售人员如果遇到这种情况，应该说服自己的客户，至少让他们能够全面地了解自己面临的问题。

● **错位。**错位是战略决策面临的一项挑战。当一群领导人不能就如何前进达成一致，或者更糟糕的是，当他们的优先事项发生冲突时，往往会出现僵局，耗费比计划更长的时间才能解决问题和挑战。如果没有任何销售过程或购买行为能够识别或解决这些冲突，你的优势便是可以引导客户解决这些问题。

● **缺乏共识**。即使一个团队想要追求改变，他们也很难就此达成共识，这是导致出现僵局的第二个因素，也会因此让团队的成果和团队成员都受到影响。换种更直接的说法就是：当你占据领先地位时，你就有责任引导客户达成他们所需要的共识。

● **情感能量有限**。我们低估了客户在改变中必须投入的情感能量。大部分精力都花在了激烈的冲突对话上，尽管销售人员的提议引发了客户团队的冲突，但销售人员对此既不参与也不知情。反过来，销售人员应该提供一种不同程度的支持，当客户团队陷入冲突时，在心理上给予他们支持。客户既能感受到你的尊重，同时也能感受到你的存在。

● **时间有限**。销售人员必须认识到客户的主要责任是经营他们的业务，所以他们必定会非常珍视自己的时间，并且已经背负了过多的工作和沟通需求，超出了他们一天、一周或一年的处理能力。时间有限会扼杀很多主动性，所以销售人员必须花费更多的时间去有效地满足客户的需求，始终帮助他们向前迈进。

● **立场和指责**。人们避免改变是一种常见的现象，尤其是在政治环境中。任何失败都可能导致客户失去地位或被他人利用自己的弱点。启动一项新计划的艰难程度足以让任何人在承诺未来变革之前三思而后行。毕竟，销售人员过去未能在购买行为中帮助客户取得成功，你需要打消客户心中的疑虑。

虽然上述的复杂列表还远远不够完整，但它应该能让你知道，买家所考虑的阻止他们成功改变的事情有很多。任何人都不能解决自己根本没有意识到的问题。所以，我认为：70% 的变革计划之所以失败，是因为公司只是把复杂的购买决策当成了一种交易。尝试按照买家想要的购买方式会让销售人员处于落后地位，虽然拿到了订单，但也意味着允许客户承担失败的风险，最终有可能失去现有的客户。

一个有促进作用的、以需求为基础的购买行为

让我们着眼于购买行为，因为在这个环境中，销售人员的领先地位是最有价值的。销售对话是实现这一过程的最佳工具，但必须确定客户需要什么才能积极推动客户向前发展。接下来，我想介绍非营销部门设计的一次实际的、策略性的购买行为。

购买行为的第一阶段不是观念。作为销售人员，必须摒弃那种落后观念，即认为客户在你提供帮助之前一定会遭受不好的后果，然后你才能提供帮助。相反，在客户经历可能导致他们改变

的损害之前，积极主动地展示你的能力来促使他们做出改变。但具体的方法取决于你在哪里发现了当前服务的客户。

● **不被强迫**。在多数情况下，你拜访的公司目前都尚未被迫做出改变，尽管他们可能本应该做出改变。既然我们都不知道自己不了解的事情，所以你的客户也需要你帮助他们认识到在事情变得更糟糕之前他们还有时间采取行动。即使一家公司和他们的决策者很固执，也要继续呼吁他们做出改变，通过帮助客户意识到未来他们可能会遭受的后果来抓住他们的注意力。以后，你将成为能够预测客户未来的有先见之明的人。

● **被迫和迷惑**。如果你和你的客户或潜在客户相遇甚晚，你可能会发现他们已经经历了不作为带来的不良后果，使他们无法跟上环境的要求。要么是他们改变得不够快，要么是他们的外部世界发生的变化太快，以至于他们没有时间做出有效的反应。在这种情况下，你需要积极对话，让买家更深入地了解他们面临的挑战的本质，并为他们提供一个探索变化的机会。支撑这种方法的根本在于销售人员有义务主动帮助客户做出改变。

● **被迫的和有经验的**。这些利益相关者虽然被迫做出改变，但经验非常丰富，这表明有些事情已经发生了变化。如果你的客户已经被迫做出改变了，你就无须再强迫他们做出改变，尽管你确实想帮助他们了解外面发生了什么变化，以及他们面临的挑战的性质。

不管你的客户正在经历什么，总有一些事情会让他们受益。

当你处于领先地位时，你将能够为买家提供他们所需要的东西，具体包括以下几个方面：

● **探索变化**。如果销售人员帮助客户探索他们可能做出的选择来改善他们的结果，客户通常会从中受益。比如，他们需要考虑的因素、他们需要做什么来改善他们的结果，以及如何更好地实现他们的目标。组织这种对话意味着真正的协商，建议他们需要考虑什么，以及为什么这对他们未来的成功来说很重要。这样的做法充分利用了销售人员的优势和经验。

● **自我发现**。虽然了解客户在发现过程中的需要极为重要，但客户通过购买行为也想要对自己的业务以及如何更好地建立更好的结果有一定的了解。你的商业智慧、经验和洞察力将帮助客户找到解决方案。此外，客户还需要你的帮助来推进共同设计的计划，确保他们能够执行这些计划并产生他们需要的结果。

● **执行有效的购买行为**。许多客户在分析并做出正确决定所需的投入方面，存在一定的知识盲点。正如此前已经发现的那样，销售人员拥有的一些最重要的见解是"购买见解"，这是帮助客户做出有效的决定所必需的对话。

● **明智的投资**。除非你帮助买家认识到投资对于改善结果的必要性，否则买家只会看到你的价格。买家应该能够理解他们为什么需要投资，以及在他们的解决方案中投资不足会面临什么后果，但销售人员切忌因投资不足而让步，以此来达到他们所要求的结果。

● **展示成功的确定性**。买家需要看到一个他们认为有效的解决方案。但更重要的是，他们需要树立成功的确定性，即你已经准备好确保他们不会失败。销售人员提醒客户目前所处的状态，展望他们未来的状态，帮助他们了解自己会面对哪些挑战，并解释你将如何帮助他们克服任何出现的障碍。只有这样，买家才会认为你能够帮助他们。领先地位要求销售人员能够为客户创造确定性的结果。

销售对话的引导地图

地图的价值在于让你清楚地知道现在所处的位置，并绘制出一条实现目标的路径。传统销售流程有同样的运作方式。它不会给你的潜在客户创造巨大的价值，特别是如果你认为销售是一个线性的过程。但它确实提醒你为了让客户取得成功，作为销售人员应该去做哪些事情。

在我的书《成交的艺术：达成交易的十个关键承诺》(*The Lost Art of Closing：Winning the Ten Commitments That Drive Sales*）中，你会了解到一个极不相同的销售对话引导地图。书中的章节遵循了一个你或许早就知道的模式，它不是一组线性的说明，而是潜在客户需要的 10 次对话，从而做出一个更好的决定并执行一个可以创造更好结果的计划。我在下面附上了一张缩略版的引导地图（包含了其中的 9 个方面）。希望它能帮助你认识到潜在客户何时想要跳过关键的对话，为何会逃避需要他们做出的决定或者推迟他们需要采取的行动。

● **时间。**客户需要做出的第一个承诺是对时间的投入。在第一次开会时，销售人员向潜在客户提供信息，帮助客户更好地理解他们不断变化的外部世界和对自身潜在的影响。在后面的章节中，你会了解到另一种策略，这些策略有助于销售人员在客户的业务受到损害之前迫使他们做出改变。销售人员可以利用这些策略使客户开始他们的购买行为，而不是等到他们遭受威胁的时候再进行购买行为。

● **探索。**一旦你的潜在客户意识到自己面临的挑战，通常想要探索更好的结果，以及如何获得这样的结果。事实上，你的领先地位能够让你教会潜在客户如何探索他们可能需要做出的改变。你促进了这次对话并帮助他们认识到自己未来的潜力。

● **改变。**交易停滞的一个原因是客户经常回避改变的承诺，回避在旅程中前进的决定。开展这样的对话需要一定的时间，所以这也就意味着在客户承诺做出改变之前，你必须在这条道路上走得更远。这是非线性对话和在复杂环境中做出决定所面临的一个挑战，销售人员通过识别有意的对话或许能为客户提供帮助。

● **合作。**帮助客户改变始终需要协作性的对话，讨论客户可能需要做出什么改变，什么是进行改变的正确的方法，以及是否适用于客户的公司和团队。让客户和他们的团队更容易向你购买产品的方法之一是，让其参与项目的设计或计划，从而改善他们的结果。

● **建立共识**。越重大的决策越复杂。越具有战略意义，就越需要在与客户团队和利益相关者的对话中建立共识。只有完全占据领先和领导地位，才能有能力领导这一过程。许多客户会将这种对话视为对他们权威的威胁，但真正的危险在于，客户将销售人员拒之门外，导致他们无法展现自己的努力。

为了提醒你销售过程并非一个线性的流程，在任何时候，从第一次对话开始，你可能会发现你的主要客户邀请他们的同行加入对话。更坦白地说，当你的客户追求他们认为自己需要的结果时，你并没有多少控制权。他们也可能会向你抛出一连串的担忧，担心你会把他们带向何方，或者担心自己需要做出什么改变。总体来说，销售人员必须在对话发生时就已经建立共识，而不是在自己认为最有必要的时候。

● **投资**。在某些时候，销售人员必须和客户谈谈如果他们想要取得更好的结果，需要进行哪些投资。就像建立共识一样，投资是销售谈话中或早或晚都要谈论的话题。我始终认为，在谈话早期提出一个更高的价格，好过于最后让客户对价格感到惊讶。我更喜欢通过整个销售对话向客户证明，与竞争对手相比，我的公司可以创造更大的价值（参见第十章的三角策略）。

● **审查**。在某些时候，你的提案必须能够获得必要的支持，才能借此赢得潜在客户的业务。对于你的潜在客户来说，这是一个较低水平的承诺，因为你们没有签署合同。对于"这个方案是否可行"这样的问题，销售人员最好要得到客户肯定的答案，否则你的客户会打电话告诉你他们"调转了另一个方向"，与你建议的方向完全相反，那一切就为时已晚。

● **解决担忧**。很多时候，在听完你的介绍后，你的客户会告诉你，他们会在与团队开会后通知你。与以往相比，现如今复杂的商业环境带来的人员数量和感知风险，会使销售人员产生交易失败的担心。如果没有通过对话来发现和解决客户的担忧，客户可能什么都不会做。未解决的担忧势必会扼杀交易。

● **决定**。如果你已经通过对话为客户创造了价值，那么让客户向你购买产品是最简单的承诺之一。如果你没有创造价值，销售之神一定会嘲笑你的努力，同时这也标志着你的交易到此结束。

现在你有了一张领先的引导地图，但这张地图不会直接把你从 A 点带到 B 点，也无法避免使你面临真正的挑战。相反，只是为你提供了一种方法，了解已经进行了哪些对话，有必要继续进行哪些对话。此外，客户可能需要额外的对话，而且这些对话发生的顺序也可能不尽相同。认识到这些变化是使你占据领先地位的必经之路，要将自己的优势转化为客户的优势。

占据领先地位，拥有一张有用的地图，有助于销售人员了解与客户完成购买行为需要进行哪些对话，使客户始终需要你的帮助和领导。当你意识到一段对话被跳过或没有成功结束时，你必须确保已经完成了相关内容的对话。你会发现，客户不一定知道哪些人需要加入这场对话，而且他们常常等了很长时间才启动达成重要成果的过程，比如建立组织共识。通常情况下，要向客户解释为何需要进行必要的对话来帮助他们做出最佳决策，以及这些对话对于他们取得成功来说有多么重要。

障碍和陷阱

当你试图分享自己的优势时，你遇到的第一个障碍来自那些相信并执着于传统购买过程的客户，即使这样的方式会损害他们的决定和结果。想象一下，某位客户发布了一份招标书，然后与三家公司会面，对比三家公司的提案，给每家公司 90 分钟的时间阐述自己的观点。任何将战略决策视为交易性决策的过程都会通过消耗你的领先地位，使你陷入不利的局面。

因为你占据了领先地位（或者践行了这些策略之后取得了领先地位），所以掌握了相应的知识和技能，能够以一种灵活且有意义的方式打破这个平衡的过程。但我能理解你对价值消除过程的情绪反应，你这样做不是出于某种恶意，而是为了防止潜在客户犯下本可以轻易避免的错误。

打断招标流程的领先策略是从头到尾阅读招标书，找到其中的问题和指出书写方式方面的缺陷。一旦你发现了一些值得抱怨的问题，就打电话给招标书的发送者，问他们一个他们无法回答的问题。比如："其中的一些问题我不知道该如何回答。有些题目的提问方式让我们无法回答。您是否希望我们介绍一下目前我们是如何用一种成本更低、结果更好的方式完成您的要求的？"你实际是在利用"我知道一些你不知道的事情"的策略。使用这一策略后，你的客户便处于落后的地位，特别是当他们认为自己错过了一些他们本来应该知道的东西时。

销售人员若想真的占据领先地位，应该打电话给最关心招标结果的人，而不是打电话给采购部门。当你打电话给高管时，告诉他们招标书中的问题，并要求他们干预采购部门后，你才能提出一个他们愿意考虑的更新、更好的方法，最坏的情况也只不过是你会得到第二次关注。高管们更喜欢与领先销售人员合作的一个原因是，他们可以将自己缺乏的专业知识外包出去。当你确保客户知道他们需要知道的东西时，他们就不会担心你会在该领域领先于他们。

另一个挑战来自你和潜在客户之间的中间人。客户聘请的第三方、经纪人和专业买家会把每次购买都当作是购买一袋苹果，即无论这笔买卖多么复杂，无论结果多么重要，对他们来说，都只是另一笔交易。只有一种方法可以在第三方面前占据领先地位，那就是所谓的"零年策略"。"零年策略"始于你的目标客户与你的竞争对手签订三年合同的那一天。就在那天，你发起了一项活动，想要与决定签合约的人建立关系。而处于落后地位的竞争对手会被动地在原地等待，想着这三年结束后，再填写一份招标书。若想落实"零年策略"，意味着与潜在客户建立比第三方、经纪人或采购代理更全面、更深层次的关系。此后你会发现，领先于任何的第三方都并不困难，尤其是那些缺乏你的专业知识的第三方。

千万不要认为，我在这本书中所谈到的方法都很容易操作。所有这些策略都是十分必要的，尤其是对于让销售人员取得领先地位更为重要，你可以引用我的话，关键是向客户解释他们需要做什么以及这样的做法能给他们带来什么价值。领先意味着利用自己的优势来解释你要求客户采取相应做法所能创造的价值，避免这些行为会引发不好的后果，以及遵循你的指示能够带来哪些正面的结果。

我认识的一个销售组织发现，帮助客户需要采取 16 个不同的步骤。他们制作了一个幻灯片，向客户介绍为了帮助客户实现业务和成果的转变，需要双方共同完成的所有事情。他们向客户介绍了自己的地图，客户索要了一份引导地图的副本。于是客户第一次认识到，报价更低的供应商根本无法帮助他们取得自己需要的更好的结果。采纳该销售组织的地图是占据领先地位的有力证明。

敏捷性和你的优势

　　复杂的环境看似引发了持续的、破坏性的、加速的变化，使人们更难做出改变的决定，但实际上，最主要的原因是缺乏确定性和对决策失误的风险承担能力。基于这样的事实，我们可以把这种新的能力称为敏捷性。敏捷是快速而轻松行动的能力，在必要的时候灵活应变，随时改变方向。与此同时，它也意味着能够快速思考和理解。

　　销售过程的非线性特征意味着销售人员需要认识到自己的位置、客户的位置，以及如何为他们服务。你的优势即你认为客户对你的需求，能为你和你的客户创造优势。这种需求会将双方从一个静态的、线性的过程中解脱出来，打开了合作新的可能性，并确保双方达到最佳状态。

第七章

打造自己的领先地位

天助强者。

　　——拿破仑·波拿巴（Napoleon Bonaparte）

在《洞察力的秘密》（*Seeing What Others Don't: The Remarkable Ways We Gain Insights*）一书中，加里·克莱因博士非常全面且透彻地阐述了人是如何获得洞察力的。以下是他对洞察力的描述：

> 洞察力带领我们了解一个新的故事，一套全新的更准确、更全面、更有用的信念。洞察力在多个方面使我们做出了改变，改变了我们理解、行动、观察、感觉和渴望的方式，改变了我们的表达方式。此外，洞察力也改变了我们的思维，新故事给了我们一个不同的视角。洞察力改变了我们的行为方式，同时也改变了我们的观察方式，让我们寻找与新故事相符的不同的事物。❶

如果销售人员能给客户讲述一个新的故事，使客户通过这个故事传递出的新理念做出更好的决定，会有多大帮助？如果销售人员能改变客户理解自己行业的方式，为他们提供不同的视角，情况又会怎么样？在很大程度上，实现这些目标的关键在于能够

---

❶ Gary Klein, Seeing What Others Don't: The Remarkable Ways We Gain Insights（New York: PublicAffairs, 2015）, 23-24.

获得使自己占据领先地位的洞察力。

克莱因在书中提出了自己的洞察力模型，认为洞察力一定遵循以下三条路径中的一条。第一条路径认为洞察力是由矛盾或不一致而触发的。要以这种方式获得洞察力，需要借助一个弱锚点（核心理念）来重建故事。当你可以重建客户的故事时，就改变了他们对自己行业的部分看法。第二条路径是从一次纠正、一个巧合或一个好奇开始，每一点都能让你发现一条"暗示"。所以，产生洞察力的活动是添加一个新的锚点或核心理念，有时也会带来一个顿悟的时刻。克莱因将第三条路径与"创造性绝望"联系起来，并称为一个让你"逃离僵局"的时刻。若想实现创造性突破，就必须摆脱一些你正在着力解决的问题。

在被迫担任客户主管时，我接受了传统销售方法的学习和培训。回顾了在活页本上记下的 84 页笔记后，我开始为潜在客户做演示。至少在 B2B 销售中，这种开启对话的方式已经给成千上万的无辜的专业人士带来诸多的问题和痛苦，他们同意与善意的人会面，却只能疑惑"为什么是我？"。

做完脑部手术后，我回到了俄亥俄州的哥伦布市，两年都不能开车，这让我无法重新回到在洛杉矶的那种每天都要走高速公路的生活。但这段时间，恰逢我职业生涯中销售解决方案的巅峰时期，我在"为什么是我们"的基础上加上"为什么是我们的解决方案"。这种方法带来了一边倒的谈话，顺利的时候可以治愈最严重的失眠，但我常常紧张到无法睡觉，最强烈的嗅盐❶对我都起不到任何作用。

有时候，我注意到这些方法已经失去了它们的效力，所能产生的效果也正在迅速减弱。在俄亥俄州辛辛那提市与一位非常有可能成交的潜在客户开始谈话时，我第一次真正意识到情况已不同往日。当我坐在他的办公室里时，我拿出我的笔记本电脑分享我漂亮的、自动播放的幻灯片，我的客户说："我不想看你的幻灯片。请把电脑收起来，否则我们今天的会议到此结束。我只是想问你几个问题。"我突然发现自己处于落后的地位。后来一个朋友告诉我，他也有过类似的经历，他的客户威胁说："只要你打开你的电脑，我们就请你离开。"

所以，我意识到我必须改变自己的方法，我继而寻找"你或许应该购买我们的解决方案"之外的见解。我对我工作的行业的主要见解来自克莱因的第三条路径：创造性绝望。例如，我试图说服一位客户花更多的钱来改善他们的结果。客户给员工的工资太低，生意也不好做，同时我也发现客户的观点有失偏颇。出于绝望，我决定反驳他们的观点，把开会当作是在审判客户的观点。我一直在收集他们需要改变的"证据"，组织并展示这些证据。

---

❶ 嗅盐：一种常用于提神醒脑、恢复意识的化学试剂，通常由氨水和氯化铵制成，通过闻其刺激性气味来达到效果。——编者注

　　我的客户有以下两个重大的错误观点：劳动力充足以及劳动力廉价。这两种观点都不准确，且现实早已不是如此。在演示了大约 100 页幻灯片的过程中，我介绍了数据、报纸文章、政府报告和图表，并将客户公司的工资水平与当地其他公司的薪资进行了比较，以及竞争对手给员工加薪的频率和幅度。尽管这听起来可能很无聊，但客户听得非常入神。在会议结束后，我的主要客户第一次问我要幻灯片。他后来用这份幻灯片向他的管理团队做了简报。随后，他打电话告诉我他们也要给员工加薪，这意味着他们每年要多花 200 万美元。

　　在客户要求给员工加薪的问题上，我占据了领先地位。我分享的知识并不是什么需要严守的秘密。任何想要获得这些信息的人都能够轻易获得。但客户由于没有销售行业中的从业经验，没有像我一样积累了数千个小时的经验，所以并不了解我的观点。你会发现，虽然你的客户在他们的行业是领先的专家，但他们并不会投入大量的时间来研究其他公司或相关行业。

　　我给我的客户讲了一个新的故事、新的理念和新的行动——这些行动可以改善他们的结果。我把我的方法从"为什么是我们"和"为什么是我们的解决方案"变成了"为什么要做出改变"。别担心，采用这种领先的方法可以使你不必提高音量，就能轻松回答"为什么是我们"的问题。但如果你必须直接说服客户向你的公司购买产品或服务，可以肯定的是，你并没有创造足够的价值来赢得客户的业务。

在那次经历之后，我再也没有带过幻灯片，也不会介绍我们公司的故事、公司办公室的图片、位置、知名大客户的标志，或者我们许多令人印象深刻的奖项。相反，我会见客户时的所有谈话，都先从帮助潜在客户了解他们的行业开始，使他们能够做出更好的决定，改善客户的整体结果。这就是我的"秘密武器"，比我的竞争对手使用的任何武器都更有威力。当一些客户把许多竞争对手的所有"底牌"和他们的提案交给我时，我更加确信了这一点。不出意外，大多都是"为什么是我们"，丝毫没有洞察力。

这种方法能起到作用主要有两个原因：首先，我在与客户对话的过程中，能够将我的洞察力传递给我的客户，为他们提供一个新的视角，帮助他们做出更好、更明智的决定。其次，因为我的谈话创造的价值远高于那些采用传统方法的竞争对手所能创造的价值，因此能从同领域的其他公司中脱颖而出。要想占据领先地位，销售人员首先要做的工作是建立自己的优势。你在某个行业里从业的时间越长，就越容易发现这种方法的效力。但首先，我们需要用几个具有代表性的名称来概述这几种方法，以确保你处于领先地位。

消除假设

众所周知，现实似乎并不会眷顾你的客户的观点、意见、计划，或者他们在电子表格中对自己的盈利模式做出的假设。然而，他们坚持自己的看法，即使这些看法早已不再准确或对业务改进有益。当你注意到你的潜在客户正在努力创造一些必要的结果时，这必然意味着他们需要改变自己当下的做法。克莱因所说的"锚点"恰恰是阻止客户改变的原因，即他们告诉自己的故事。这些故事大多基于一系列错误的观念，也就是克莱因所说的"核心理念"。对人类来说，最难面对的事实是，我们必须经常在我们的核心理念和我们想要的结果之间做出取舍。

销售人员努力帮助客户改变的原因并不是因为客户不够聪明。而是因为你没有解决并改变他们的假设。你的洞察力的真正价值在于，能够使你消除客户的错误假设，即他们基于自己有限的知识和经验而做出的假设。鉴于销售人员每天都在推销客户需要的更好的结果，自然掌握了树立一套更准确的理念和故事所必需的经验。

发现影响

与那些错误的假设和支撑客户的故事而言，客户很难理解你所提供的洞察力。当你发现了新的锚点时，就拥有了这样的洞察力。就低工资这个问题而言，我向我的客户解释劳动力市场的高度紧张，以及他们的起薪水平如何落后于市场竞争水平。这意味着如果不改变他们的薪酬水平，将无法保证生产线的继续运行，继而会让客户失望，严重的话需要支付赔款。这是我需要"转移"给客户的洞察力。

你或许已经发现，当你的建议和推荐与客户的假设发生冲突时，建议会遭到决策者和决策执行者的拒绝。领先意味着引导客户认识和理解他们的假设和决定所代表的含义。事实和数据便能轻松阐明这一点，销售人员只需要解释客户面临的现实，但不必直接指出其假设和决定的含义。理想情况下，应该让客户自己得出结论，认识到你的简报背后的含义，而不是将自己的洞察力强加给客户。但如果你确实需要帮助他们认识到其中的含义，后续的章节将提供一些指导和话术。处于领先地位的人有责任帮助那些目前处于落后地位的人，所以销售人员需要认识到客户糟糕或过时的假设的含义。可以从客户经历的导致他们改变的后果中逆向操作，识别并分类客户错误假设和糟糕决定所引发的影响。

提前避免错误

对于销售人员而言，领先要求客户遵循自己的指导避免犯错。销售人员的优势在于见证了不同的公司做出不同的决定，见证了他们的失败和成功。而客户和潜在客户处于落后地位，并没有获得这类的情景知识，因为他们的经验仅限于自己公司的数据。你或许无法意识到自己在客户所犯的错误中处于领先地位，尤其是如果你认为客户在这段关系中占据了领先地位。但是如果你同意短暂地处于落后地位，我会解释为什么当涉及你的客户所做的决定时，销售人员就占据了领先地位。

当你想要和潜在客户建立合作时，他们愿意见面的意愿表明客户知道自己需要更好的结果。出于很多不同的原因，你的潜在客户难以达到他们需要的结果，但当你寻找根本原因时，你会发现客户会犯以下两个常见的错误。

● **错误投资**。让我们从假设支付最低价格就能获得最大价值的客户开始。一旦接受最低的价格，客户实际也承诺做出了一系列的让步，只是销售人员不会向客户透露这些假设。直到后来，客户才发现他们犯了一个错误：在他们需要的结果上投资不足。在下一章中，你将了解到如何纠正这一错误。

● **避免改变**。另一个常见的错误是坚信更换供应商和解决方案就能产生更好的结果。在一些行业，尤其是我从业最久的一个行业，这一想法导致公司每个季度都在更换供应商，总是认为供应商是他们业绩不佳的根本原因。一旦我找到了领先的方法，就消除了让客户失望的想法，并向他们提出一套更好的假设，让他们看到自己糟糕的结果应该归咎于哪里。如果我不这样做，他们就会用竞争对手取代我的公司，但这一决定不会让他们的业绩有任何改善。

当你发现了客户犯下的错误，并且这些假设导致客户经历了消极的后果，列出这些错误可以帮助你对客户的假设进行逆向操作。此外，组织自己的经验、写下客户的假设，这些假设产生的结果以及随之而来的不明智的决定，会使你加速占据领先地位。

构建决策的环境

为了帮助客户以某种有意义的方式改善现状，销售人员必须通过构建围绕客户的挑战和决定的环境来建构对客户行业的了解。你所分享的东西要能够激发客户新的信念、新的潜力、新的决定和更好的结果。但销售人员鲜少有机会学习或培训如何为潜在客户提供做出良好决策所必需的环境。公司的销售队伍不一定能掌握这样的技能，正因为如此，你能够通过做到这一点而占据领先位置，并因此拥有非常大的优势。

销售人员之所以能够占据领先地位，是因为对客户的现实情况的看法比客户更为全面。公司雇用咨询公司的原因是可以从具备了自己所缺乏的知识和经验的人那里获得相关的建议。好的顾问会意识到客户还未发现的东西。事实上，你拥有更多的知识和经验，让你有条件构建环境，并通过更具前瞻性的视角向客户介绍他们的业务和结果。

力量的来源

再回到加里·克莱因在《如何做出正确决策》（*Sources of Power：How People Make Decisions*）一书中的研究和经验。这本书讲述的是人们如何在压力下做出决定，但它让我们了解到，基于洞察力的现代销售方法有哪些必要的元素。克莱因提出了"再认启动决策"理论，❶该理论认为销售的力量来源将帮助销售

---

❶ Gary Klein, Sources of Power：How People Make Decisions, 20th Anniversary Edition（MIT Press：Cambridge, MA：MIT Press, 1999）, 1.

人员认识和培养创造价值的洞察力。销售人员也要思考各个来源如何提升自己的领先地位，因为只有那些有经验的人才能积蓄力量。

未被看见的模式

人的大脑会识别一些模式，包括那些自己意识不到的模式。大脑的主要功能是维持人的生命，而模式识别很大程度上发生在人的潜意识中，让人可以在不做有意识选择的情况下对一些事情采取行动。当你从事一段时间的销售工作后，你会意识到你在缺乏某些必要的经验时可能会错过的模式。所以当涉及客户需要改善他们的结果时，你会发现自己处于绝对领先的位置。你很快就会识别出一种模式，并为你提供所需的信息，从而知道如何更好地帮助客户改善他们的结果。领先策略意味着帮助你的客户完成发现自己已经知道的东西，当你意识到客户远远落后于自己的时候，放慢脚步，帮助他们赶上进度。如果销售人员希望客户遵循自己的建议，首先要帮助客户看到你所能看到的东西。

你能清楚地看到哪些客户未能看到的模式？

意外事件

在克莱因的书中，你会读到很多关于消防员的故事。克莱因试图借此了解人们如何在压力下做出决定。其中一个故事是消防队长在队伍所在的楼层倒塌前的几分钟，命令队伍从着火的房屋中撤离。当他们到达现场时，消防队员认为是厨房起火，但他们四处寻找火源，毫无收获。这场火灾出乎消防队长的意料，客厅温度过高，但没有声音。如果火源在厨房，客厅的温度不会这么高，并且他们能听到火焰的声音。火灾现场过于安静，于是队长及时把队伍从火场中撤离。

检测异常的能力是能量的来源。当你意识到某些事情有违常规时，会引起你的注意，这与你的经验和认为的一般模式相冲突。一个朋友让我帮他分析为什么他的团队在被邀请向潜在客户展示产品后无法达成交易。即使获得客户的称赞，依然失去了所有的交易。即便是在最坏的情况下，你也认为至少有 12% 的概率赢得比拼招标书的胜利。但展示过程中发生的事情不至于会让你失去所有的交易，真正的原因在于未发生的事情。销售人员在被邀请出席会议之前从来没有拜访过客户，客户走进房间并坐在对面的座位之前也未曾与他们见过面。其中一个问题就能阐明哪些事情"没有发生"。当你能识别异常情况、发生的事情或没有发生的事情时，便能占据领先地位。你的洞察力很大一部分来自认识到哪些事情违背了你的期望或经验。你注意到的哪些异常现象为你提供了创造价值的洞察力？

大局

把握大局的能力意味着你明白什么是最重要的，以及它将如何影响其他事情。在某种程度上，你可以认为这是在识别"二阶效应"，即做出或不做出某个决定在未来会产生的后果。这是为处于落后地位的决策者构建决策情境的重要环节。所以，销售人员的力量是帮助客户看到大局。尤其是当客户依赖自己的经验无法清楚地把握大局时，销售人员有必要帮助客户认清大局。

曾经我的一位潜在客户，在需要产生结果的方面投入不足。他们忽略了许多因素，比如劳动力的短缺和他所在地区工资水平的提高。从我的外部视角来看，我意识到他们忽视了环境方面的因素，并且我能够与他们分享相关的信息。绝大多数客户都会感谢你让他们意识到总体的大局并帮助他们避免错误。你的客户还没有看到大局中的缺失因素，以及你如何为他们提供必要的环境以便他们做出需要做的决定。

事情的运作方式

当你在一个行业或职业中工作了一段时间，你就知道其中的"运作方式"。这种认知包括为什么某个决定能提供更好的结果，以及为什么另一个决定虽然看起来有道理，但最终的效果不佳。了解事情的运作方式，可以让你在客户作出决定时为他们创造巨大的价值。虽然你的客户几乎和你在他们的行业有相同的认知模式，但你更加了解自己所处行业的运作方式。更重要的是，你更了解两家企业合作会产生什么样的结果。一般来说，客户也更愿意了解事情的运作方式，所以占据领先地位对客户来说大有裨益。

思考一下，就事情的运作方式，你能教给客户什么？

已经发生或将要发生的事件

大多数时候，客户都在埋头工作，不会意识到某些已经发生的事件会在未来引发哪些问题。对于客户来说，最有价值的事情是帮助他们认识到已经发生的事件，并告知他们应该如何应对，特别是当你主动帮助他们做出改变的时候。而我们过去却认为，销售能力只是解决客户问题的能力。在这种情况下，只需要等待客户的"不满意"，就能实现销售解决方案的目标。你的领先力量的来源是认识到事情什么时候（以及如何）发生了变化，并在客户受到损害之前给予他们帮助。

你的洞察力是能准确预测潜在客户的未来。你的先见之明使你能够帮助客户和潜在客户规避问题，并利用任何可能由某些事件或环境变化带来的机会。我很少做预测，只在我有知识和大量经验的领域做预测。此外，写预测日志可以帮助你认识到自己的哪些假设是错误的，提高自己更准确地预测未来的能力。

何处寻觅洞察力

在客户忙着经营业务的同时，你也应该忙着通过能够激发自己洞察力的知识建立自己的领先地位，这些洞察力的来源各不相同。

其他行业知识

我不是一个专业的研究人员，我也不是建议你穿上实验服或花大量时间住在当地大学图书馆里。但我坚持认为你要广泛阅读，关注会影响客户的新闻故事，并形成一套深刻的见解，能够因此看到一些客户还没有意识到的东西，使自己的领先观点对客户来说有价值。

影响客户结果的力量

总有一些外部力量会影响你的客户，有时会带来积极的影响，但有时只能够产生消极的影响。你可以使用一些简单的方法，比如 PESTLE 分析法：分析政治、经济、科学、技术、法律和环境的力量。我建议你每天早上起来收听贝基·奎克（Becky Quick）、乔·克尔能（Joe Kernen）和安德鲁·罗斯·索尔金（Andrew Ross Sorkin）主持的《财经论坛》（*Squawk Box*）节目。首先，你要避开那些讨厌的政治镜头，许多新闻都带有这样的滤镜，这样你就不用感受媒体的分裂本质。其次，每个节目都会给你提供有用的洞察力，使你维持自己的信息差距，并为你开辟一条为客户创造价值的路径。

提供挑战和机遇的趋势线

除了影响客户结果的因素之外，你还需要关注趋势线。例如，《华尔街日报》最近发表的一篇文章指出，目前有 70 万个销售职位空缺，但年青一代不想从事销售行业。[1] 我关注的另一个趋势是销售人员完成销售指标的比例，但这个趋势线急剧下降，并且我认为只有通过占据领先地位才能解决这个问题。

预测者和预测结果

有些人深入研究行业，然后公布他们的发现和预测。他们撰写题为 "×× 年将影响医疗保健行业的十大趋势" 的博客文章。我称这些人为 "合成器"；他们非常擅长深度阅读，发表自己的文章并附上文章的来源链接。我对此想要给出的专业建议是找到相互冲突的观点。这能够极大地丰富你的优势观点，使你从不同的角度理解趋势或问题。这样便可以帮助客户充分考虑他们的决策所引发的影响，包括他们可能会忽略的方面。

第三方数据

通过以事实为基础的、数据驱动的方法提供的洞察力才能无懈可击。客户或许会和你争论并拒绝你的观点，但他们会发现很

---

[1] Patrick Thomas, "The Pay Is High and Jobs Are Plentiful, But Few Want to Go Into Sales," Wall Street Journal, July 14, 2021.

难反驳美国人口普查局、美联储的《褐皮书》、劳工统计局、高德纳咨询公司、佛瑞斯特研究公司、《纽约时报》、《华尔街日报》或盖洛普民意测验中心的观点。你还可以添加公司的内部数据，以及公司内部进行的任何投票或调查。人们很难反驳数据和事实，尤其是当数据出自多个来源的时候。我个人占据领先地位的方法之一就是使用大量的第三方数据，因为第三方的数据可以消除所有关于数据有偏见的批评。

购买过程的洞察力

购买过程的洞察力是你的领先策略的主要动力来源之一，即优势策略。正如我在第六章中解释的那样，你帮助客户改变和改善结果的经验为你提供了有价值的见解。随后，你可以利用它们来丰富客户的判断，让他们知道需要进行什么样的对话以及需要做出什么样的承诺，才能产生他们需要的更好的结果。

技术洞察力

我没有销售过任何带有技术构件的产品，所以我在捕捉此类洞察力并利用它们支持领先销售方面的经验不足。然而，对于许多售卖技术产品的销售人员和销售组织而言，他们的技术洞察力对于能否成交至关重要。如果你销售技术产品，也需要识别和组织这些洞察力。

执行洞察力

只有当你认识到为什么客户很难得到他们需要的结果时才能获得洞察力。很多洞察力都体现在客户的执行方式上。这本书是基于领先的洞察力,即传统的销售方法已不足以产生更好的结果,甚至是产生糟糕的销售结果的根本原因。你或许会发现,这本书的想法可以扩展到许多正在使用传统方法的行业和公司,而其他行业和公司则更新了他们的工作方式。

如果无法领先,就势必会处于落后地位

领先和落后之间没有中间地带。你必须处于领先地位,用自己更为丰富的知识和经验,领导客户做出他们需要做的决定,借此取得更好的结果。否则就处于落后地位。放任客户处于落后地位是你作为专业销售人员的一种失职,因为落后会妨碍你在销售对话中为客户创造价值。此外,如果放任客户占据领导地位意味着那些专业和经验都逊色于你的人将决定如何改善自己的结果,你也会因此而变得无关紧要。你若想占据领先地位,需要把自己的洞察力组织成能够帮助改变客户理念的观点。

第八章

提供推荐的领先指南

提出忠告应该是在帮助朋友而非取悦朋友。

——梭伦（Solon）

我生来就落后于人，与领先之间的距离相去甚远，以至于我使出浑身解数才取得了一定的成就。在很长一段时间里，我认为这会让我处于落后地位，但我开始相信，摆脱逆境的唯一方法就是直面逆境，因为只有当你承受压力时，才会成长。生而贫穷，终而富有，总好过生而富有，却不学无术，终而贫穷。在脸书❶（Facebook）上经常晒自己豪华且昂贵的车子和房子的照片，恰恰表明你以一种特别有害的方式处于落后的地位，证明金钱可以让你在内心痛苦的时候看起来很快乐。

我不喜欢在一个人落后的时候去刺激他，但说实话，大多数销售人员把他们的建议和推荐限制在"购买我公司的解决方案"范围内。他们提供帮助的局限性在于只能为客户创造很少的价值，或根本无法为客户创造任何价值。为了取得领先地位，你的指导和推荐必须贯穿整个销售对话，并始终如一地为客户的决策提供信息。

假如你正在寻找一份销售的工作，而且收到了两份工作机会的邀约。第一份是来自一家非常成功且知名的公司，公司的营销部门非常优秀，所以他们的产品和服务在其服务的市场上非常出名。这家公司销售的产品需求量很大。接受这份工作会带来不错

---

❶ 现改名为元宇宙。——编者注

的薪水和丰厚的佣金结构，也会有大客户分配给你去服务，销售工作更加容易。

第二家公司也很成功，但没有第一家公司的辨识度或知名度高。他们几乎没有做过营销的工作，在你负责销售的市场上还没有得到很好的认可。该公司销售的产品也有很大的需求，但由于市场已经商品化，你必须要取代竞争对手才能赢得交易。工资水平和第一家差不多，佣金结构也很诱人。

你可能会被第一份工作吸引，因为它听起来更容易，这也不怪你。第二份工作会更加困难，尤其是必须在商品化的市场中取代竞争对手，而不是仅仅与少数几个指定的客户续签同一套合同。但同意在第一家公司工作，意味着你会做出重大让步，它表面上的优势会让你更难占据领先地位。事实上，你更有可能屈服于懒惰，最终以落后而告终。

我最尊敬的销售咨询同行都学会了通过销售商品来进行销售。杰布·布朗特（Jeb Blount）销售制服，这是一项没有区别的服务；他和竞争对手的大部分制服都是同一家制造商生产的。迈克·温伯格（Mike Weinberg）出售专门的塑料配件，但他无法解释为什么他的塑料配件优于竞争对手。至于我，我出售临时劳务派遣服务，与提供同样服务的公司竞争，这些公司的数据库与我的数据库没有什么区别。销售在商品化市场中的挑战之一是，你的潜在客户早已购买了你出售的产品。如果你的建议不能让客户购买你的解决方案，他们会接受竞争对手的建议。但是杰布、迈克和我都因为不能依靠我们的公司或我们的解决方案来创造任何真正的、有形的差异化而受益匪浅。相反，我们必须通过为客户的业务决策提供不同层次的建议和推荐，从竞争对手中脱颖而出。

毫无疑问，毕竟你是一个专业的销售人员，最终应该建议客户购买你公司出售的产品。但这一步骤必须出现在你提供了各种其他的，可以说是更重要的建议和推荐之后。简而言之，为了获得推销产品的权利，必须首先成为真正的顾问。

提供意见时需要考虑的因素

在我们充分探索提供咨询意见和建议的策略之前，需要解决阻碍销售人员给出"向我购买"之外的两大指导障碍。消除这些障碍将使你更好地为客户提供所需的指导。同样重要的是，要明白并不是在什么情况下都及时给出建议才是一个好的主意。首先要从解决障碍开始。

障碍

第一个障碍是认为自己不应该提供与所卖产品无关的建议。

如果你的知识能够让客户为他们的公司或客户创造更好的结果，处于领先地位使你有义务分享你的建议。重要的是要认识到，如果客户已经为了产生更好的结果付诸了必要的行动，那么他们根本不需要你的建议，其实他们已经在逐步取得更好的结果。

给客户提供建议的第二个障碍是认为客户比自己知道的更多，更有能力做出决定。也许你认为他们的头衔、从事该行业的时间、成功的程度或其他一些因素使他们占据了领先地位。但他们向你求助的事实说明了一切，如果他们已经知道关于这个决定所需要知道的一切，就不会坐在你面前期望你提供帮助了。

咨询销售的一个简短定义是"帮助某人创造一种没有销售人员的建议就无法实现预期结果的行为"。销售人员的建议和你推荐的做法是帮助客户纠正方向，创造他们预期的结果。

何时不能给出建议

有些时候，销售人员不应该向潜在客户提供自己的建议。有时，你可能在几个领域占据领先地位，这些领域对你服务的客户和公司有所帮助，但在另一个客户需要帮助的领域却完全处于落后的地位。当你处于落后的地位时，意味着缺乏提供好建议的知识和经验，所以最好的方法是把客户介绍给一个可以提供帮助的领先的朋友或同事。为了达到这个目的，与在其他领域处于领先地位的人建立关系不失为一个很好的处理方法，因为借助这种做法可以在客户需要超出你专业知识之外的帮助时，继续为客户创造价值。

占据领先地位有时也会产生一定的副作用，即有时客户会在你没有经验和知识的领域向你寻求建议。当你与客户建立私人关系时，他们经常会分享自己面临的其他的更私人的挑战，错误地认为你在某个领域处于领先地位而在其他领域也会处于领先地位。商业关系的确是一种人际关系，但是在自己缺乏专业知识的领域提供建议绝对是一种错误的做法，尤其是在私人领域。你可以一直倾听、感同身受，并帮助引导客户找到真正占据领先地位的并且能帮助他们解决问题的人。当自己处于落后地位时，应该避免在自己专业以外的领域提供意见。

如何引导潜在客户接受自己的建议

销售人员在亲自走进理想客户的办公室之前，没有理由保留自己的意见和建议。你可以比自己认为的更早开始这个过程，占据被客户认为是领先的和潜在的战略合作伙伴必要的思想份额。假设你打印了一篇文章，向客户解释了他们行业的某些部分需要特别强调的重要内容，并附上了一份说明，阐述自己认为客户应该关心这部分内容的原因。通过阅读文章和你的笔记或标记的重点，客户或许早已开始接受了你的建议。这是帮助他们学会接受你的建议的最为有效的第一步，表明你愿意并且能够帮助他们提高地位。

现代的、基于洞察力的销售方法始于沟通，旨在给客户提供有价值的信息和见解。这类内容虽然不够完整，但必须是构成执行简报的主要内容。如果你不想将这些数据与推销相提并论，这种做法能够将你定位为一位非常了解客户的想法、意见和建议的人。所以我需要提醒你，作为一位领先的销售人员，应该采取什么样的沟通方式。我认为销售人员不应该通过电子邮件拜访潜在客户，尤其不要使用自动回复，因为这实际上会让潜在客户习惯性地忽略你的邮件。你希望客户阅读你的邮件时感到兴奋，因为邮件的内容对他们而言总是有价值的。好消息是，你的大多数竞争对手都会使用电子邮件以及其他落后的、避免冲突的媒介。可以肯定的是，这样的做法不会对你构成任何威胁。

另一种引导客户接受自己建议的方法是让自己的建议对客户有价值。这要从你如何组织第一次销售对话开始。在第二章中，我们讨论了如何在销售拜访时不提及公司、其他客户案例或解决方案，不要试图建立私人关系而且不能要求潜在客户说出他们不满的原因。反之，要通过自己的建议和推荐来贯彻领先的方法，所以销售人员必须在销售对话的早期消除推销产品或解决方案的强烈意愿。这些步骤有其特定的时间和阶段，通常是在你展示商品和提案的最后。在对话初期免除这些负担，可以为一些其他领域的建议腾出空间，借此为所服务的决策者和决策执行者创造真正的价值。

在销售对话中，销售人员通过巧妙地推进购买行为，让客户意识到自己在每一次对话中都有所收获，以此证明自己是正确的合作伙伴。即使潜在客户不会向你购买产品，你也可以使用同样的策略为他们提供服务。事实上，"如果我的竞争对手也提出了和我一样的建议，这条建议是否仍然正确？"这个问题是一个很好的测试。如果你的建议是合理的，不论是谁提出的这条建议，都可以肯定这条建议是有价值的。无论你如何运用自己的知识、经验以及领先的策略和战术，目标都是帮助客户从新的视角来看待他们的问题，认识到获得更好结果的路径并权衡与决策相关的因素。提出建议是购买行为和销售对话的一部分，所以销售人员需要给出所售产品之外的良好建议。

给出建议：两种策略

既然你已经清楚地知道应该提供什么样的建议，以下的两个策略可以帮助你将建议融入销售对话之中。尝试使用这两种方法，修正自己的谈话脚本，在对话中自然地向提出建议或推荐过渡。

（1）**征求许可**。第一种提供建议和推荐的方法是在不必要的时候请求许可。你可以这样说："如果我向您介绍下一步如何行动才能创造最大的价值，并产生最好的长远结果，您是否愿意倾听？"

你会发现，这是下一部分介绍的经常使用的一种方法。征求许可，特别是征求客户对你做出分享的许可，通常会促使客户留出足够长的时间来关注你，以便你解释下一步行动的价值，以及如果他们回避需要做的事情，会招致哪些后果。对于客户来说，他们早已习惯了掌舵，需要付出大量的努力来消除自我意识。所以即使你在导航，也要让客户把手放在方向盘上亲自驾驶。

（2）**告诉客户需要做什么**。另一种给客户提供建议和推荐的方式是直接告诉他们下一步应该做什么，鼓励他们朝着更好的结果前进。你可以这样表达："我会安排一次会议，让我们的运营团队和贵公司的运营团队开会，确保我们透彻地了解您方团队需要我们给予哪些帮助。"要做到这一点，可以问一个意图阐明领先行为的问题。这使得客户能更好地理解你为什么引导他们下一步应该如何行动。

无论你是征求许可还是掌控局面，都要尽自己最大的努力使你的建议看起来更加自然。你的首要目标是避免客户犯下有损未来结果的错误。

必须提供哪些建议

销售人员很少需要对各个领域提出自己的建议，这是一种超出传统销售方法范畴的领先观察。客户之所以需要你在许多不同的领域提供帮助，是因为他们无法解决眼前面临的问题，除非他们能解决更深层的问题。在少数情况下，处于落后地位的销售人员甚至会意识到客户在解决问题方面存在问题，但他们却无能为力，所以经常陷入一种落后的恶性循环。在本章的后续部分，你会了解到几类建议，帮助自己用一种更广泛、更有意义、更有益的方式向客户提出建议。我在每种建议中都列举了两类示例语言：一种柔软灵活的语言，以及一种暴露落后行为的更强硬的语言。

如何更好地追求改变

第一个建议来自第六章提到的领先优势。因为你已经有过几十次、几百次或者上千次的销售拜访经历，你知道客户需要什么样的对话才能成功地帮助他们认识到改善的结果。作为销售人员，你处于领先地位，应该通过推荐双方下一步应该如何共同行动来引导客户。

灵活的语言："我可以和你分享第一步应该采取哪些行动吗？

当你开始考虑做出改变时，它或许能帮助你找到一个真正有价值的想法。"

暴露落后行为的语言："我们的其他客户跳过这部分对话后，很难继续前进。所以我们有必要花时间按照正确的顺序来做这件事，而不是以后重新开始，您觉得呢？"

谁应该参与对话

这是另一个为客户提供有力建议的优势视角。你可能会发现自己面对的是一位对自己的能力过度自信的客户，坚持认为没必要囊括一些利益相关者，但他们实际会影响决策的改变。此外，你或许还会发现你的主要客户不认为变革计划需要一位发起人，即共同控制公司财务的人。当你意识到对话中缺少了应该包含在变革过程中的职位或角色的人时，必须尽早建议客户解决相应的空缺。销售人员的支持作用在于如果客户想做出改变，就帮助他们把所有必要参与的人加入对话当中，即使比他们预期得要早。

灵活的语言："将部分团队成员排除在销售对话之外的风险是，你领先团队太多，他们可能会抵制任何变化，因为他们未曾参与过对话。我们如何能让他们参与到这场对话中，以便他们能够与我们保持一致，并为日后必要的认同做好准备？"

暴露落后行为的语言："我们如何防止你的团队抵制、支持或采用新方法？如果他们被排除在决策之外，他们可能会声称自己占据了道德制高点。"

改变优先事项和目标

领先的好处之一是帮助客户改变他们的优先级。你可能会发现客户优先追求的结果，应该是在完成一个不同的改变计划之后进行。例如，在我提供建议的不同领域，我建议客户在招聘时优先考虑留住人才而不是吸引人才。我还建议销售组织在培训整个销售团队之前先培训他们的销售经理，因为经理们必须在理念和行为上做出必要的改变。

灵活的语言："关于你追求这些目标的顺序，以及为什么遵循这一顺序如此重要，我可否给您提供一条建议呢？"

暴露落后行为的语言："即使启动第一项计划需要耗费更长的时间，是不是也要先从此开始？这样我们就可以加快后续计划的速度，更快地开始产生最好的结果？"

活动时间

决策者和其他利益相关者经常会进行一些错误的对话。例如，你在组织了一次极具感染力的发现会议之后，客户立即希望你提供方案和价格。最好提醒自己，完全不能提出自己的方案和价格，提供任何一项都是一种不成熟的表现，最坏的情况下还会导致交易失败。你的建议要能够确保自己帮助客户以正确的顺序进行正确的对话。

灵活的语言："我很想向您提供一条建议，但我担心如果不与您的团队沟通，这个建议可能会不够恰当。我们是否可以召开几次会议，以确保您能完全得到自己需要的结果？"

暴露落后行为的语言："我知道您清楚自己需要做什么。我们如何确保我们一直在讨论的内容对以后要参与讨论的其他人来说是正确的？"

提高竞争力

潜在客户普遍认为没有你的帮助自己依旧能做得很好，但你的经验和领先优势告诉你事实并非如此。你可以建议客户允许你对他们的业务进行分析，借此可以为他们提供建议，帮助他们取得更好的结果。销售人员可以借助简单且相对粗糙的成熟度模型，为客户提供指导和路线图，以此向他们介绍如何从落后的地位提升自己的竞争力，成长为同类公司中的佼佼者。此外，你只需要提供成熟度模型以及模型所推荐的方向，无须进行全面的分析。

灵活的语言："您现在只需要从两个方面改变自己目前的做法，就可以快速取得成功。我能和您分享为什么要做这些改变，以及如何改变吗？"

暴露落后行为的语言："在市场中占据竞争优势对您和您的企业来说有多重要！如果提升竞争力能给您带来更大的优势，您是否会做出改变？"

客户应该解决哪些问题

在这一点上，重要的是要注意，你的建议不包括从你这里购买任何东西，而是关于如何更有效地解决问题。有时这意味着选择正确的问题来解决。例如，某天一位好朋友打电话给我，告诉我他的团队在介绍产品和谈判方面表现得非常糟糕。他有何证据？他的团队几乎失去了他们想要达成的每一笔交易。他认为当前糟糕的产品介绍和谈判技巧是他们失败的根本原因。问了四个问题后，他告诉我，他们所有达成的交易都来自招标书。于是就引发了一场极为不同的、更有成效的对话，讨论他们如何才能抓住机会。

灵活的语言："我理解您需要解决这个问题。我担心的是，如果不首先解决另一个更大的问题，也就是问题的根本原因，根本无法得到您想要得到的结果。您觉得呢？"

暴露落后行为的语言："潜在问题对这个问题的影响有多大？您相信有可能在不解决根本原因的情况下改善结果吗？"

推荐并替换错误的理念

在第五章中，你已经了解到客户经常秉持着错误的假设走在错误的道路上，并且低估了不断变化的行业带来的影响，直到一切都为时已晚。尽管你无法直接建议客户改变他们的理念，但通过你的见解帮助客户更透彻、更完整地了解自己的行业，是至关重要的。

灵活的语言:"有很多新数据没有得到应有的关注。我能否告诉您行业发生了什么变化,以及它对您未来可能做出的任何决定有何启示?"

暴露落后行为的语言:"鉴于您需要关注更多的新数据,我能否向您介绍一下行业的改变,了解变化与您的经历之间的关系?"

改变客户的指标

当一家公司或利益相关者严重依赖某个特定指标时,通常会将该指标视为神圣不可侵犯的标准。例如,销售人员可以建议客户将他们的主要指标从交易的赢利空间切换到获取客户的终身价值。如果你的客户可以根据从客户身上获取终身价值的指标投入更多资金来获取新客户,这种改变就能发挥强大的作用。

灵活的语言:"这个指标很重要,但它无法始终反映业务的全貌。所以我的其中一条建议是,您综合考虑这个指标与另一个额外的指标,这两项指标能够帮助您对业务有更全面的了解,从而开发新的潜力。"

暴露落后行为的语言:"如果有一个指标能够让您更清楚地了解您的结果和未来的决策,您会希望自己的团队除了考虑现有的指标外,还将另一个指标纳入考虑范围吗?"

更改业务流程

有时候，客户的业务早已过时且已经失去了效力，作为销售人员，你需要提出这方面的改进建议。当客户使用的关键流程不再能为其提供价值时，销售人员需要推荐新的流程，即使这不是你需要销售的产品。

例如，当 HubSpot 上门推销时，销售人员在我们的谈话中首先就建立了自己的领先地位。他认为我所使用的时事通讯推广策略很糟糕，遗漏了几个核心策略。不到 10 分钟的时间，我就学会了一些原本不知道的关于时事通讯推广的事宜，使我摆脱了落后的地位。后来我根据销售人员的建议改变了流程。

销售人员建议我改变业务流程时所用的灵活的语言是："我们发现您正在努力提高您的时事通讯推广能力，但我们希望您能采取一些不同的措施来增加注册人数。我们能否和您分享一下我们的想法呢？"

我自然愿意听他把话说完。

需要考虑的因素

销售人员通过利用自身的见解、知识和经验，尽力为客户创造价值。你的见解、知识和经验让你明白对客户来说真正重要的是什么，因为它与他们的决策息息相关。具体来说，你评估客户时需要考虑哪些因素以及他们应该如何权衡这些因素。但客户需要考虑的因素不胜枚举，我们只需要谈到一些常见的因素，所以需要创建一个更具体的列表，以便与客户分享。记住，你是在教授客户他们需要知道的东西，以便为他们的公司做出最好的决策，创造比利用传统方法的竞争对手所能提供的更高水平的价值。客户从落后转变为领先地位，怎么会不想与为他们制定决策的人合作呢？

灵活的语言："现阶段这些因素中哪个因素对您而言是最重要的？如果其他因素能更快地产生更好的结果，您能优先考虑另一个因素吗？"

暴露落后行为的语言："到目前为止，这个因素对您的结果是最重要的。另一个因素不应再占据最重要的权重，尽管它也很重要。您现在是否愿意了解哪些因素的影响更大？"

客户最适合哪种交付模式

每个公司都有一套自己认为可以使自己占据优势的交付模式。从低价的交易模式到高价的战略合作伙伴模式，这些模式都在持续起作用。高价模式通常通过高度信任、高价值和高度关怀的方法来实现。在泥泞的中间地带中总是有几个"足够好"的竞争者，他们的价格比低端竞争者高，但又比高端竞争者低。

灵活的语言："如果能够通过改善结果来降低总体成本，您是否愿意支付更高的价格？"

暴露落后行为的语言："您有没有分析过在价格上的让步会

对您的整体成本结构造成什么样的影响？"

你的优势在于，竞争对手永远不会表明他们的更便宜的模式实际要求客户做出了哪些让步，所以客户通常并不知道他们实际同意做出了哪些让步。但要小心，如果有证据表明你所销售的并非他们需要的交付模式，无论如何推销你的模式都会让你失去领先地位。

增加投入

B2B 的世界充斥着想要减少投入但又要获得更好结果的客户。一般来说，投入更少的时间和精力从来不会使结果得到改善。然而，大量的证据表明，提高这两项投入的效果是其他任何投资都无法达到的。很多时候，销售人员都需要建议潜在客户增加投入。

灵活的语言："您现在的投入已经不足以产生您需要的结果。无论您选择与谁合作，事实都是如此。我能和您分享一下，在我们这个领域，许多人为了避免您现在遇到的问题都不会在哪些方面增加投入吗？"

暴露落后行为的语言："我不希望您在自己需要的结果上投入不足，这会导致您付出更多的时间，也会引发一系列新的问题。不管您选择谁，不管他们怎么说，您都需要增加投入，切不可减少投入。"

当销售人员就客户的需求提供建议时，无论谁提供解决方案，所说的内容都必须是真实的。虽然你还没有提出自己的解决方案，但是你正在帮助客户设计他们最终需要的解决方案。这就是如何从满足客户的需求的角度来定位自己的销售。

交易价值规则

作为销售人员，每当你给出建议或推荐时，都应该遵循交易价值规则，即使客户并未向你购买产品，也要准确地向客户解释如果他们接受你的建议或遵循你的推荐后，将会获得哪些收益。

由于你处于领先地位，所以可以向客户提出自己的建议。你的经验为你提供了所有你需要的证据，确保客户能从你的建议中获益。客户之所以处于落后地位，是因为他们目前还未曾发现你的建议所能创造的巨大价值。为了充分利用这一信息差，销售人员必须向客户解释你要求他们做的事情如何推动他们朝着你所引导的更好的结果前进。

你还要有充分的准备，因为客户可能会对你要求他们所做的事情表达自己的担忧。任何人在不想感受巨大的恐惧时，往往都会稍微表达自己的恐惧。所以，你建议客户在下次会议带上一名执行发起人时可能会引起客户的焦虑，因为他们还没有准备好这么早向高管陈述自己的观点。但这种担忧是真实存在的，所以你应该努力确保客户现在及未来都能获得执行发起人的支持。但与此同时，也会解决更大的风险，你和你的客户都需要注意，过早向高管透露过多的细节，以至于他们不管出于何种原因都不能或不愿支持这项倡议。或许，在你和客户没有联系的这段时间，高管团队中的另一个人提出了另一项重要的倡议。又或者，由于被排除在"为什么要改变"的对话之外，该高管没有意识到此项倡议的重要性。

你可能会担心，为客户提供他们占据领先地位所需的信息可能会导致他们不再需要你的帮助，更不用说花钱向你购买产品。但为了给客户创造价值，你必须帮助他们摆脱落后地位，占据领先地位。他们的领先地位无法与你的领先地位相比，无论你传授了他们多少东西，他们在洞察力和经验方面都无法与你相提并论。但与团队其他成员相比，他们仍然处于领先地位。

虽然你传授了他们应该知道的知识，但你并未倾囊相授。即使你想这样做，也不太可能把自己所知道的一切都教给客户。很多专业知识都存在于潜意识层面，人的潜意识都擅长模式识别，这就是你为何能在与客户交谈五分钟后就能发现客户问题的原因。

占据领先地位，会导致客户开始依赖你帮助他们做出重要的决策。一旦他们知道你能够负责他们的某一个特定领域，就会把责任交付给你，相信你会让他们了解任何值得他们关注的事情。那些缺乏智慧来帮助他们持续建立洞察力和组织经验的销售人员，会令那些认为有专家在关注他们的客户失望。

第九章

领先的义务：主动促使
客户做出改变

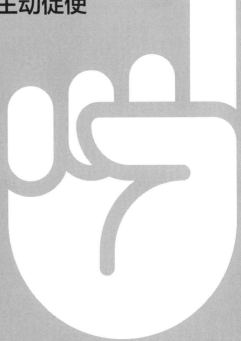

不要等到铁已热再打，而要通过打铁让它发热。

　　　　——威廉·B. 斯普拉格（William B. Sprague）

时间被大家认为也是一种商品，我销售过许多这种商品，这让我本就好胜的天性被磨炼得更加鲜明。但在销售其他有形商品的过程中，会面临两个主要挑战。首先，拜访的每位客户都早已有此类产品的合作供应商。其次，大多数客户还没有到被迫做出改变的地步，这是创造和赢得交易所需的一项因素。最近，我了解到，在任何市场中，只有 3% 的公司始终都在追求变化，这个数字与我自己的经验相符，至少在某些行业是这样的。

当面对这两个相互交织的挑战时，许多销售人员就会想，是否应该把目标对准那些没有购买自己所销售的产品的公司。除非你的产品能够自己打开一片市场的情况，否则没有理由不去拜访一家需要你所销售的产品的公司。如果你处在"红海"，你可能会梦想着"蓝海"，这片海水还未被那些竞争失意的人的鲜血所污染。但实际上，竞争激烈的排他性销售是大多数时间的主调，每位销售人员都必须替代竞争对手，才能赢得客户。在这种类型的销售中，最重大的挑战不是客户已经有了供应商，而是他们没有被迫做出改变。

问题不会自动解决，但它们往往会转移，不断扩大，并蔓延到整个组织。一家公司回避解决问题的时间越长，就越能学会如何与之共存，并最终接受事实。因此，公司经常被迫在他们无法控制的时间轴上做出改变，导致管理层匆忙做出改变的决定，并因此犯错，无法执行他们的新方法或计划。随着时间的推移，传统的销售拜访的方法已不能再发挥作用，其中一个原因是复杂的环境使人们倾向于避免做出改变，尤其是当改变伴随着风险、冲突和不确定性的增加时。不幸的是，许多销售人员仍然认为，识别问题并找到客户的痛点足以迫使他们做出改变。但客户之所以不做出改变，并不是因为不知道自己的问题。相反，他们避免改变，是因为改变的前景好比同时做四路搭桥、开颅手术和根管治疗，风险重重。

作为销售人员，你的领先策略必须有主动帮助客户做出改变的能力，这可能是在复杂的环境中最困难的销售任务。但这不只是一笔交易，而是作为一名领先的销售人员，有道德义务在形势迫使客户改变之前去帮助他们主动做出改变。

事实上，你的领先地位要求你帮助客户摆脱落后地位，并帮助他们主动做出改变，避免损失。否则就没有尽到销售人员的职责。虽然这是一项困难重重、耗时费力、有时又令人沮丧的责任，但同时又是你在销售中所能做的最有意义的工作。很少有比你发现并帮助客户避免问题更令客户满意的交易。尽管传统的观念认为，销售人员最好是在客户已经受到损失之后再帮助其解决问题。

积极主动的做法向来都不容易，但这是一块很好的试金石，测试你想要领先的决心。好消息是：因为你的领先，你的优势，你组织更有效的销售对话的能力，以及你的洞察力都使你处于促使客户做出改变的位置。同时，你也能给客户带来信心和确定性，可以帮助抗拒做出改变的客户在他们受到损失之前勇敢地做出改变。

确定性序列

变化遵循一种微妙但一致的模式，我称之为确定性序列：不确定性→消极结果的确定性（阈值）→不确定性→积极结果的确定性。这个模式为销售人员提供了一个创造和赢得新机会的指南，然而，大多数销售都把这个模式搞反了。尽管多数时候有必要遵循正确的顺序，但在工作中，当销售人员帮助潜在客户管理变化时，几乎没有给予这一点足够的重视。

销售顺序中的不确定状态

很多时候，你发现客户处于一种不确定的状态。他们知道自己有问题，这就是为什么你不需要用问题促使他们坦白自己的问题的原因。他们很难理解自己所处的复杂环境，所以不知道该做什么以及何时去做。决策者通过关注新闻来紧跟大局，想要改善自己的决策，但往往都以出现更大的不确定性而告终。他们考虑的问题包括：经济是会增长还是会萎缩？我所在的行业是否会因为新的立法而受到影响，所以我的利润率是否也会受到影响？我们的下一个竞争威胁来自哪里？我们能否克服这一威胁？

采用传统方法的销售人员会制作幻灯片，试图创造确定性，向客户表明，自己的公司是一家优秀的公司，有很棒的产品和服务，还服务过很多大客户。你甚至可能认为，作为销售咨询人员，所发挥的作用就是把客户从不确定性的状态，直接带到确定性状态，但这大错特错。你所展示的幻灯片根本无法创造确定性，因为你颠倒了销售顺序。在确定可以帮助客户实现积极的结果之前，你首先需要经历另外两个阶段。

消极结果的确定性

在创造积极的确定性之前，销售人员需要帮助客户确定，如果保持现状，迟迟不解决所面临的挑战，将遭受哪些负面的后果，日后会面临哪些更困难的问题，也有可能会付出更高昂的成本。

我们过去认为销售拜访的方式是让客户告诉我们他们面临的问题，以此获得自己认为能帮助客户所需的信息。而一种更现代、更有效的销售拜访，是要求销售人员帮助客户确定他们需要学习哪些知识才能前进。在这个阶段，他们首先要明确自己在做出改变之前，会经历越来越多的后果。你可以将此称为"阈值"，即你的客户被激励做出改变的状态。哈佛商学院领导力教授约翰·科特（John Kotter）将此描述为一个"燃烧的平台"——行动的紧迫性。

你可能不希望客户从确定的感觉再次退回到不确定的感觉，但根据确定序列的排序，客户即将在此时回归不确定性的状态，并且有其充分的原因。

回归不确定性：改变的需求

客户面对改变的迫切需求，会再次感到不确定性。在这一阶段，他们的不确定性来自在复杂和不确定的环境中做出决策的前景。这些问题会阻碍客户解决问题，这是销售咨询人员的领域。

客户不确定自己有哪些选择，如何更好地应对挑战，以及他们的组织能否成功地做出改变。这些担忧让客户更难做出改变，因为他们也不确定改变是否会让局面变得更糟。针对这样的担忧，销售人员有必要采取协商的办法，推动决策者和决策执行者获得前进所需的确定性。

积极结果的确定性

为了确保客户能够做出决定并推进新的计划，销售人员有必要帮助客户建立对积极结果的确定性。要做到这一点，你需要设计一个客户相信他们可以执行的计划，建立共识，解决预算问题，并解决所有可能阻碍潜在客户获得他们所需的更好结果的问题，但单靠幻灯片无法解决其中的任何问题。相反，他们需要与个人和团队进行切实的对话，共同建立确定性。

销售对话是一种动态的互动，更像是一个魔方，而不是一个线性过程或简单的购买行为。当你开始销售拜访和展示产品时，幻灯片只能使客户产生少量的确定性，唯一可靠的途径是在整个销售对话中为客户创造价值。

传统销售中未解决的不确定性

在传统销售中，大部分销售人员都会弄错销售对话的顺序。尽管营销人员希望你讲述公司的故事，介绍公司的真实案例，但这在解决客户的不确定性方面起不到任何作用。虽然产品经理希望你介绍自己的产品或服务的巨大优势，但这种方法也没能解决不确定性。

传统的发现方法所缺失的是无法在复杂的世界中创造令人信服的变化。这就不难解释为什么"问题—痛点—解决"的模式逐渐失去其效力。相比于过去，越来越多的交易没有做出决策就结束了，并且70%的B2B改变计划都以失败告终，只有5%达到了目标，这使得销售人员帮助客户做出改变变得更加

困难。❶

销售人员与客户的每一次对话都应该帮助他们推进确定性序列，以创建足够的确定性执行让计划变为最终目标。要做到这一点，销售人员必须认识到客户需要什么样的确定性才能迈向更好的未来状态。

客户抗拒改变的原因

很少有学者能像约翰·科特那样对大规模的组织变革进行如此多的思考。他的《领导变革》（*Leading Change*）一书畅销全球，其续篇《变革之心》（*The Heart of Change*）更加通俗易懂且更具可操作性。科特提出的变化框架包括八个步骤，但对我们而言只需要第一个步骤：创造紧迫感。

科特写道："那些在重大变革方面最成功的人，一开始就在与变革相关的人群中制造紧迫感。"根据科特的说法，相关人员的数量远远超过我们的预期：小公司接近 100 人，大公司可能

---

❶ Taylor Landis, "Customer Retention Marketing vs. Customer Acquisition Marketing," OutboundEngine, April 20, 2021.

接近 1000 人。科特指出，变革领导者之所以失败，是因为他们的"相关者只有 5 个、50 个或者一个都没有，公司里的人普遍感到过度自满、恐惧或愤怒，而这三种情绪都会破坏公司做出的改变"。❶ 有时一些非常具有创造性的方式也能产生紧迫感，让人们离开沙发，走出舒适圈，准备做出改变。第三章中，我们已经了解了科特的另一个核心有效方法，他将其描述为"观察、感受、改变"。用他的话来说，"通过八个步骤创造引人注目的、显著的、戏剧性的情境，从而帮助客户发现问题、解决问题，或解决自满、战略、授权或其他关键方面问题的进展。"

创造确定性促使客户做出改变

在本书的后续章节中，我们将探讨如何创造在变化中前进所必需的确定性。许多销售组织认为确定性只是让客户签署合同、收货，并用新的"解决方案"向前发展。这是一种落后的方法，因为它假设客户不会改变，因为他们不确定销售公司是否有能力

---

❶ John P. Kotter, The Heart of Change: Real-Life Stories of How People Change Their Organizations (Boston: Harvard Business Review Press, 2002), 3.

帮助客户改善结果。这是一种错误的观点，虽然客户确实需要确定性才能继续前进，但他们需要的确定性不是关于你、你的公司或你的解决方案；而是关于长期维持现状所引发的不可避免的后果，以至于他们的业绩受到影响并威胁到他们的业务。

在一次销售拜访中，我非常努力地帮助一位客户认识到他们的计划将在当年的第三季度失败。我的客户是一位无所不知的人，他希望销售人员表现得像落后的供应商，即对订单的需求大过对于帮助客户的需求。但我让他失望了，给他看了数据后，我解释了他的假设与现实之间的差距，但他不为所动。于是我花了90分钟时间试图阻止一场未来的灾难，为了改变他的想法，我做了最后的努力，但我没有因此感到非常自豪。我说："9月份，你可以买一把铲子和一块地皮来埋葬自己的生意。我想让你知道，你正在逐步失去自己的业务。如果你询问贵公司的其他员工，他们也会告诉你我所言不虚。"他说他愿意碰碰运气。

我拒绝了这个客户。9月份的时候，他让他的团队给我打电话，询问我们能否在不做我建议的改变的情况下使他的业务继续运行下去，我拒绝了。一年后，他坚决不做必要改变的执着让他失去了所有的客户。他原本不必失去他的客户或生意，但对他来说，更重要的是他认为我对结果的判断是错误的。所以重点是：要想强迫客户做出改变，销售人员必须创造未来负面结果的确定性。如果不确定会发生什么坏事，潜在客户很可能会避免做出改变。

在结果开始受到影响之前，客户会拒绝做出必要的改变，但你很清楚会面临哪些负面的后果。作为销售人员，你预测未来的能力也是占据领先地位的方式之一。做到这点很容易，因为你每天都会看到一些客户一直在挣扎，他们等待了很久依然没有做出改变。列出潜在客户需要改变的所有原因，便可以找出能够促使他们改变的因素。但也有一些问题会迫使客户做出改变，而你无法在不改变自己所用的方法的情况下直接解决这些问题。

我们对改变的免疫力

加里·克莱因（Gary Klein）已经告诉我们，人们的信念创造了锚点，这会阻止他们改变，直到他们消除自己错误的观点。罗伯特·凯根（Robert Kegan）、丽莎·拉斯考·拉海（Lisa Laskow Lahey）合著的《变革为何这样难》（*Immunity to Change：How to Overcome It and Unlock the Potential in Yourself and Your Organization*）一书可以作为对这一观点的补充。以下是他们对复杂性和变化的论述：

当我们觉得世界"太复杂"时，不仅是在体验世界的复杂性。我们正在经历世界的复杂性和我们自身的复杂性之间的失衡。只有通过两种合乎逻辑的方法才能修正这种失衡，即降低世界的复杂性或增加我们自己的复杂性。第一种方法不可能发生。但长期以来，成年人似乎也无法实践第二种方法。❶

事实上，我们经常发现客户处于一种令人持续沮丧的困境中，但由于他们长久地处于这种状态之中，所以选择接受这种状态。虽然他们应该被迫做出改变，特别是对于他们非常关心的问题，但苦于还没有找到导致这种沮丧状态的根源。通过提供领先的见解、建议和推荐，可以帮助扩大客户的理解范围，尤其是在如何改变的方面。

支持是纾解冲突的最后一个要素，用凯根和拉海的话说，让客户感觉"既不会被冲突打倒，也无法逃避或化解冲突"。作为一名领先的销售人员，你完全有能力为领导变革提供必要的支持。许多改变已然发生，你现在明白自己的洞察力可以纠正信息差，正是这些信息差导致客户认为他们现有的对当前行业的认知和理解方式不足以解决自己面临的问题。此外，你也意识到自己新的销售拜访将帮助客户提高对自己的认知，即通过提供更具前瞻性的视角讲述有助于客户了解自己行业的故事，提升客户的自

❶ Robert Kegan and Lisa Laskow Lahey, Immunity to Change: How to Overcome It and Unlock the Potential in Yourself and Your Organization (Boston: Harvard Business Press, 2009), 12.

我认知。鉴于你的建议和推荐已经帮助其他客户改善了他们的结果，所以你的优势也能为现在服务的客户指明前进的道路。

为了促使客户做出改变，你还需要帮助他们克服一些其他挑战，其中有些挑战很难克服。凯根和拉海认为，阻止客户做出改变的根本原因是其重要假设的无意识承诺有悖于其认同之间的矛盾。为了解决这些阻碍客户改变的障碍，销售人员必须通过适合领先销售工作的视角来认识这些障碍。在销售行业中，我们经常谈论反对意见，但这个词对于复杂的 B2B 环境来说并不准确。因此，让我们重新定义反对意见，用一系列的挑战取代这一说法，更准确地定义阻碍客户改变的因素。

以反对意见的形式表达个体免疫

通过阐明改变的本质，销售人员可以提升自我认知，并在帮助客户改变时获得优势。销售人员要想提高自己的销售业绩，最重要的工作是要提高对人类及其行为方式的理解。通过同时研究销售和心理学（本书就在试图阐明这两个方面的问题），你可以观察到人类是在以一种自己没有意识到的方式展现自己。

每当你试图强迫改变的时候，都会产生一定的免疫。有些人认为人类大多数时候是理性的，但有时容易情绪化。但事实恰恰相反：人天生都会情绪化，把自己的决定合理化，从而契合更深层次的需求。这些需求就是凯根和拉海所谓的"无意识的承诺"，如果不加以解决，就会产生对改变的免疫。

本节旨在阐释大多数人看不见的东西。我们的视角也会帮助我们提升自我的认知，借此在帮助客户改变时能占据一定的优势。所以，销售人员必须观察客户以及他们表现自己的方式，甚至是下意识地表现自己的方式。若想提高销售业绩，最重要的工作是提高自己对人类及其行为方式的理解。所以，销售人员应该也要读一些心理学的书籍，而不是只是阅读销售方面的书籍（但少数一些销售书籍也值得一读，本书就是其中之一！）。

凯根和拉海之所以关注到这些细微的力量，是因为和他们打交道的是参与团队过程的个人。但对于我们的目的而言，我们必须研究那些更容易看到的力量。

- **职位。**销售工作的性质使我们接触到追求更高职位的个人。职位意味着权力，或接近权力，以及职位带来的回报。但人会拒绝任何威胁其职位的改变。
- **目标。**一些曾经竞争某个职位的人往往寻求一些能留下持久影响的东西，即一份遗产。如今，我们发现越来越多的人无论处于多大的年龄或何种职位，都被积极的改变所激励。对于个人来说，最常见的是拒绝或摆脱与他们的目标和价值观相悖的改变。

- **转型**。你会遇到一些利益相关者，他们天生都是变革者，他们努力实现自己的转型，并试图影响他人一起转型。这类客户拒绝任何不足以引起他们兴趣的变革。对于那些被他们影响的人而言，当转型满足他们的需求时，他们也会加入转型的队伍。

- **规避风险**。这类人担心任何改变都会导致更大的问题或挑战。所以他们经常唱反调，除非你能证明改变可以降低风险。

- **融入**。有些人需要从属于某个群体才有安全感；而有些人则害怕被排斥在某个群体之外。如果融入意味着加入一个更大的群体，这种驱动力能够使某些人支持做出改变。此外，他们可能还会反对任何会使自己被团体拒绝或排斥的改变。

- **求新**。有些人很容易感到无聊，所以需要新的体验。他们总是想知道接下来会发生什么，所以他们的免疫使他们无法对自己认为无聊的事情提起兴趣。

- **生存**。生存可以产生最强的改变免疫，特别是当有人已经受到一些负面结果或后果的威胁时。生存是一种绝望的境地，会让一个人忍受所有必要的遭遇。

你必须认识到有些力量要么促使客户做出改变，要么阻止客户做出改变，随后调整自己的互动模式来满足客户的需求。例如，如果某位客户重视包容或求新，你将很难借助职位或个人意义的吸引力来创造确定性。你不能直接问客户某项新举措会如何威胁到他们的职位和回报。相反，需要关注自己在会议中听到和感受到的东西，只有寻找证据的人才能找到证据。鉴于这些免疫因素之间的相互作用，认识到这些免疫因素的叠加也同样重要。任何个人（包括你自己）都处于其中的一种状态。八卦之所以存在，是因为它让人们能够分享一些充实他人性格和动机的事情，为如何与他人进行最佳互动提供指导。

提出一个适时的、实事求是的问题可以暴露一个人隐藏的免疫，即使我们很难辨别究竟是哪种免疫。例如："约翰需要什么来支持这项倡议？"

这种简单的做法为人们提供他们已经需要的东西，并能够规避所有对他们的目标和需求的威胁。如果你的提议导致某人失去他们的职位，就能预见他们一定会拒绝支持这一改变。规避风险的人总是有未解决的问题，不是因为你没有尽力解决，而是因为这是他们的天性，或许也是因为他们在公司中所扮演的角色。

介绍股东对你的改变计划的重视程度无法消除客户对改变的免疫，或许更为有效的方式是说明你的改变计划将会产生哪些影响。

认识到他人需求的困难在于我们自己的经历会让我们缺乏远见，无法预见更远、更难看到的东西。就学习如何从另一个角度看问题，最好的建议是首先了解自己的需求是什么以及如何满足这些需求。然后，试着不用通过对话，而是借助观察，了解自己熟悉的人的需求。但更重要的是，要了解如何看到并解决隐藏的免疫。史蒂芬·柯维（Stephen Covey）在他的里程碑式著作《高效能人士的七个习惯》（*The Seven Habits of Highly Effective*

People)中教会了我积极主动的力量。书中他写到，我们每个人都有一个情感账户，但他警告我们不要从账户里提取情感储蓄。在此，我想要对柯维的观点做一点小小的改进，在他的想法的基础上，提出情感账户的存款应该是人们喜欢的货币，这种货币能满足每个人最深切的需求。

你的客户会理解他们可能需要改变的理性原因，但不能始终压倒人们对改变免疫的情感力量。这些免疫对自己和他人都处于一种无意识的状态。

迫切地追求紧迫感

若想提高销售效率，制造紧迫感是最有效的方法。大多数强迫改变的尝试失败，是因为客户已经长时间面临当前的问题，所以觉得 9 月改变与次年 1 月再做出改变并无两样，即使他们会从更快的改变中受益。如果客户对改变的恐惧超过了不改变会经历的后果时，你就必须帮助他们认识到不做出改变会面临更大的危险。

强迫改变之所以如此困难，原因在于销售人员可能在不经意间让客户认为你促使他们改变是出于自我导向和自利的动机。他们可能会认为你希望他们现在就行动，是想要立刻签合同拿佣金。所以，你需要练就领先的策略促使客户做出改变，这种改变不会让你此前所做的有益的、创造价值的工作付诸东流。如果什么都不去做，没有产生任何后果，那么就没有理由被迫做出改变。

解决后果

当客户已经因为没有做出能够改善结果的改变而承担了后果时，你必须阐明这些后果。在销售对话之初，便可以提出一系列收集数据的问题为完成这项任务做好准备。当涉及强迫客户做出改变时，以下几类信息对你和客户都会有所帮助。

你可能会问的第一个问题是："这个问题在收入、利润、时间、客户和返工方面给你造成了多少损失？"通过在对话的早期提出这个问题，可以计算制订改变计划所花费的时间来调整成本。虽然今年9月到次年1月的5个月里，每周损失7000美元是一笔相对较小的损失，但最终损失会演变成14万美元。

第二个问题也能帮助客户尽早采取行动，以此为他们创造价值："这对你的团队有什么影响？"团队领导如果不能与团队合作，不能为团队解决问题，不仅会打击团队的士气，提高人员流失率，还会破坏原本健康的团队文化。和第一个问题一样，在客户告诉你他们想要推迟解决问题时，销售人员便可提出这一问题。

第三个问题："过去是什么阻碍了你们做出这种改变？我们需要做些什么才能让你们的团队做好准备，在它变成更大的问题之前解决掉这一问题？"

你也可以问："如果被迫在自己无法选择的时间轴上改变，你会担忧哪些问题？你会遇到什么问题？"在销售对话发展到足够深入的阶段时，你才能提出这些问题，客户可能会回答，"我需要考虑一下"或"现在不是时候"。这时，你可以通过计算损失的多少、对团队的影响以及丢失客户的高昂成本来推动客户做出改变。

在下一章中，我们将探讨如何将负面结果的确定性与成功转化结果的确定性相结合，这是促使客户采取行动的必要条件。

展望未来

追求快乐、避免痛苦是人的天性。然而由于种种原因，有些人对痛苦有很强的忍耐力，所以消极的后果只能是被迫做出部分改变。所以，销售人员也可以在对话初期提出一些专注于积极结果的问题，带领客户展望未来。

你可以试着提出这个问题："对你和你的团队来说，赚回现在失去的收入意味着什么？"注意，这样的措辞并没有把问题归咎于客户或他们的团队，也不是制造让客户为自己辩护的需求。所以，他们自然会有一种放松的感觉，或者类似的感觉。

"如果不解决这些问题，团队一天的工作会有什么不同？你希望团队成员把时间花在哪里？"他们的答案一定都与将如何更有效地应对持续的挑战有关。

再举一个例子，确保你能够掌握提问的要领："如果你花了两周的时间完成学习曲线，两周后你就能解决这些问题，这是否值得你去付出行动？"两周的时间跨度很短。同时，作为领先的销售人员，你不害怕面对困难或逆境的勇气也能够帮助你赢得客户的信任。

结合第十一章的内容，你会了解到此前并不知道的策略，这个策略不仅能帮助你的客户，还能让你在一言未发的情况下领先竞争对手。

第十章

三角策略：在避免竞争的
同时帮助客户做出决策

在辩论中，领导者的观点要融合甚至超越双方的观点，形成辩论中的第三股力量。

——迪克·莫里斯（Dick Morris）

1992年，时任阿肯色州州长的克林顿与乔治·布什、罗斯·佩罗（Ross Perot）竞选美国总统。一些人认为，克林顿有意将此次竞选作为预演，如此一来，到他1996年真正竞选时，任何关于他的负面指控都将成为旧闻。克林顿聘请了一个名叫迪克·莫里斯的顾问来帮助他赢得选举，他们通过莫里斯提出的一个鲜为人知的框架竞选成功：三角战略。克林顿的对手会认为只不过是几封信就能让克林顿的选举变成悲剧。但莫里斯是用一种非常具体的方式来定位克林顿，使他的竞争对手很难击败他。虽然克林顿一生都是民主党人，是他们的竞选搭档，但他在某些问题上始终与民主党保持距离，比如犯罪问题。他不是共和党人，所以他也与对手党派保持距离，但他相信有些有孩子的女性会支持他的观点。莫里斯帮助克林顿对两党进行了三角定位。

想象一下：克林顿坐在三角形的顶端，俯视着处于一个角的民主党和另一个角的共和党。通过将自己的立场定位在两党的竞争之外，他试图占据道德的制高点，将自己定位为一个无论从属于哪个党派，都是一个可以被信任的、能够正确行事的人。这一策略帮助他赢得了媒体所谓的"足球妈妈"❶的选票，足球妈妈是一群摇摆不定的选民，他们非常关心孩子的安全问题，其余的

---

❶ 足球妈妈指非常重视小孩休闲活动，亲自开车接送小孩参加运动的母亲。

对他们来说都没有那么重要。

政治话题的讨论在本章到此为止。但作为一名领先的销售人员，通过咨询客户应该采取的计划和决定方式，包括选择谁作为合作伙伴的决定，也可以在竞争中占据优势。这个策略非常有效，因为它允许你在竞争中采取三角定位的策略来显示自己的优势，同时也不会疏远客户或被客户认为软弱无能。此外，三角策略还能使你在甚至不知道竞争对手是谁的时候就能同时消灭所有的竞争对手。

有时你只是偶然发现了一种有效的方法。虽然我不记得最早是什么时候开始使用这个策略，但我记得当初使用这一策略的原因。我当时在一个高度商品化的市场上销售人力资源服务。像在任何一个大型城市一样，我所在的城市有数百位竞争对手。其中一些竞争对手规模很小，包括一些仅靠价格竞争的底层企业。有些以价格为导向的公司对客户不够诚实，忽略了一些客户可能认为会导致交易失败的信息。但也有许多竞争公司在规模上远超过我的公司，这似乎给了他们一定的优势。有段时间，我在与世界上最大的两家人力资源公司竞争，我试图让我的客户放弃这两家公司。我为其中一家公司工作过，有足够的把握可以直接对付他们。虽然我可以从个人的层面贬低他们，但我知道客户会认为我这是酸葡萄心理。相反，我颠覆了他们的模式。

因为我了解客户，并且之前和这两家公司竞争过，于是开始解释我们的高接触、高关怀、高价值的方法，表明我们的公司虽然规模中等，但正好可以根据客户的特定需求完成项目。随后，我提醒他们，我们两家的距离只有几英里远，所以可以在本地做出有关这个项目的所有决定，而不是在另一个州甚至是另一个国家。此外，我还解释说，大公司需要大量的房产，而这些房产对客户没有任何好处，但它们的房产成本和营销成本都被计入了报价之中。为了击败那些低价策略的竞争对手，我阐释了这些公司的低价策略使他们无法在市场营销和招聘方面投入必要的资金，因而无法确定能否雇用高素质的员工。

在整个过程中，我没有提到任何一家公司的名称。我没有对他们的员工做出任何负面的评价，也没有指责任何一家公司选择的经营模式，尽管这种模式能够很好地满足一些客户的需求，但对于我正在交谈的客户来说，并不适合。后来，我甚至称赞我的竞争对手，包括我在其他公司的朋友，他们工作很努力，但我们唯一的分歧就是我们各自的交付模式。

虽然说竞争对手的坏话永远不会对你有所帮助，但销售人员应该解释不同的模式、客户所需的不同选择、谁从这些选择中受益最大，以及这些选择会伤害谁。攻击竞争对手也会损害自己的信誉，但你可以很容易地攻击对手不同的运营模式，并用自己的理解和建议来赢得客户的好感。

价值连续体

想象一个价值连续体，最左边是一个交易模型，最右边是一个能创造更大价值的战略模型。为了便于理解，我以外出吃饭的决定为例。在价值连续体的最左边是一家快餐店。你觉得快餐店很便宜，但你也觉得快餐店无法为你提供一顿特别美味的饭菜或好的就餐体验。如果你只是想简单吃点东西，你可能会去快餐店。但如果选择去快餐店吃一顿浪漫的约会晚餐，那么显然就不太合适了。再往前走一步，你会发现一家快餐休闲餐厅，就是那种有酒吧，墙上挂着各种运动纪念品，还有很多电视的餐厅。虽然菜品比快餐店好，但依然没有什么特别之处。快餐休闲餐厅除了满足你不用做饭的需要，加装电视也受到了那些想在吃饭时看体育或新闻的人的青睐。再强调一次，快餐休闲餐厅很可能不是约会晚餐的最佳去处。第三类是高端连锁餐厅，比如在每个大城市都能找到的牛排馆。就餐成本远高于其他两类餐厅，但菜品的质量也比其他两类餐厅高出许多。吧台的位置可能有电视，但餐厅里没有安装电视。第四类，也是最后一类，是能够提供最高质量的用餐体验，但价格也较高的高端独立餐厅。如果你想预订周年纪念日晚宴，你会发现这些餐厅早已被订满。所以也只能选择牛排馆！

选择去哪里吃晚餐需要考虑这个决定的背景以及你想要得到的结果。不同餐厅选择的价值模式本身并没有错，但在某一场合的正确选择在另一场合就变成了错误的选择。公司也是在一个非常相似的连续体上运行，不同的公司通过选择不同的价值交付方式来竞争。如果你能够执行这本书中介绍的领先策略和战术，那么将能帮助你从其他销售咨询人员中脱颖而出，三角策略能够帮助你的公司成为客户的正确合作伙伴，帮助他们做出更明智的决定。基于客户的决策背景，每种交付方式都能为具有特定需求的客户服务。但有时这也意味着你必须放弃一些潜在客户，尤其是那些需要获得更好的结果，但没有投入相应资金的客户。把这些客户留给你的竞争对手，竞争对手的报价更低，他们也不会告诉客户选择低价意味着不知不觉中必须同意做出一定的让步。

我相信你会同意，没有理由去竞争一个想要高价值回报但又不想增加投入的客户。但有时，公司的目标业绩需要更多的投资，导致他们错误地向一家定价模式无法为公司创造所需结果的公司购买产品。读完本章后，你就可以更积极地保护你的潜在客户，大大降低被低价竞争对手抢走生意的概率。

各有利弊

在三角策略中，你需要赞扬竞争对手的模式，解释谁是该模式中获得最大价值的一方，以及它在哪些特定环境下能够发挥完美的作用。例如，如果你在拜访两位客户之间有 20 分钟的午餐时间，你就会倾向于选择吃快餐。此外，你也要承认每种模式的弊端，确保客户知道自己做出了哪些让步，以及这些让步将如何损害他们的利益。吃麦当劳午餐快速又方便，但碳水化合物和能量爆表，可能会在第二次销售拜访中给你拖后腿。每种交付模式都有其利弊。

销售人员要首先阐释各种模式的优劣势，解释为什么有人会选择该模式，但不要指向具体的竞争对手。承认该模式的价值会提升你的可信度。如果你只是贬低竞争对手，那就会失去客户的信任，即使你说的关于竞争对手的一切都是真的。赢得客户的信任后，才能袒露其他模式的弊端，甚至这些模式不胜枚举的缺陷。销售人员可以通过解释客户选择这种模式必须做出哪些让步，以及当决策的情境和期望的结果不允许在哪些方面做出让步来阐释该模式的弊端。你是一个诚实的经纪人，坐在客户的旁边，分析行业，解释具体的决策情境，从而提高客户对自身决定的理解。

四种价值模式

为了解释如何落实三角模式，首先必须界定几个模式的概念，以便梳理各个模式的差异并向客户传达。本文列举了销售人员在销售对话中或多或少涉及的四种模式。我们将根据每个模式为客户提供的价值水平对这些模式进行区分，继而来探索各个模式的特征。

第一级：商品——一种真正的商品，可以有效地与任何类似的产品互换。

第二级：可扩展商品——也是一种商品，因其能够提供更好的整体体验，所以是一种可扩展的商品。

第三级：解决方案——可以通过提供解决方案和有形的业务结果来解决特定的问题。

第四级：战略合作伙伴——创造超越有形商业成果的战略价值。

商品

客户会出于很多可靠的理由购买某件商品，即使是那些要求你在价格上做出让步，要求最低价格的公司。如果这些让步不会带来任何后果，就没有理由进行更大的投资。如果你走进美元树的店面（Dollar Tree）[1]，你知道你买的所有产品都是最低的价格。但同时你也知道，购物体验并不会很好，过道拥挤，很难拿到商品，环境相当阴暗，甚至给人一种不愉快的氛围。然而，你在那里买的主食与你在其他地方花更多钱买的东西一模一样。

无论你身处什么行业，都会遇到竞争对手，他们通过减少足够的投资降低自身的价格来占据一定的市场份额。这些竞争对手的好处在于，他们给客户提供了最低的价格，双方几乎没有任何分歧，而且确定他们不会支付超出必要的价格。但弊端在于，客户需要为此做出各种各样的让步，而在客户签署合同之前，销售不会向客户坦言他们实际同意做出了这些让步。直到后来，决策者才发现对方总会延迟发货，支持或服务水平较低，而且许多货品产品质量低下需要被退回。销售人员可以借助三角策略，帮助客户认识到虽然他们的价格最低，但客户实际无法从这样的交易中受益，最后解释公司接受最低价格所做出的那些让步。

可扩展的商品

我提出"可扩展商品"这个概念来描述一种更接近直接商品的交付模式。交付模式是公司创造价值和争夺市场份额的一种方式。这种模式是通过避免让步来纠正商品的过剩。不仅能提供更好的服

---

[1] 美国的连锁"一元店"品牌，主要出售季节性商品、玩具、文具、家居装饰、厨房用具和派对用品，主要迎合郊区中等收入的消费者。

务和支持，缩短了交付时间，甚至可能使客户免于做一些管理关系方面的工作。这些模式解决了创造大规模更高水平的价值问题，因此它们经常吸引那些不愿在商品模式下再做出让步的客户。

如你所料，即使这种模式指向价值，但它也并非没有问题。在该模式下，客户被迫接受的主要让步在于，该模式难以解决系统性问题，主要是因为公司无法获得完全解决这些问题的利润。任何想要获得特定结果而需要咨询和定制项目的客户都不会在"可扩展的商品"交付模式中获得这些利润。

解决方案

我讨厌"解决方案"这个词。每次都不想在键盘上打出这几个字，因为我认为它早就过了黄金期。相反，我们应该讨论结果，这才是我们的客户真正想要的东西。我经常问客户的第一个问题是："你需要什么结果，为什么这些结果现在对你很重要？"你并不是因为想要一本书才买这本书，而是因为你相信阅读这本书能够改善你的方法，继而能提高自己的销售效果。

为了便于理解，我们同意用"解决方案"这个词来描述价值连续体上从左到右的第三级模式。许多公司都在用这种交付模式在市场上竞争。它的主要价值在于，能够为客户提供一个专门为他们设计的解决方案，以及一个关系模型，其中包括与公司密切合作的个人或团队，确保他们取得所需的结果。但想要得到这些好处，也就意味着付出比价值连续体左侧的两种模式更高的价格。在这种模式下，客户做出的让步包括无法产出战略成果和付出的成本高于更高价值战略所要求的成本。通常情况下，用解决方案帮助客户解决问题足以使销售人员赢得客户的业务，但对于改善更广泛的问题几乎没有作用。

作为销售人员，我们面临的一个挑战是，这种解决方案交付模式已经完全被商品化，因此能交付的产品或服务与竞争对手的产品或服务没有明显的不同，不足以获得客户的偏爱。所有传统的销售方法也都面临着类似的挑战：方法和解决方案在很大程度上区分度不高。我们在这个水平上被商品化了，所以客户似乎更喜欢保持现状，不愿意购买与他们现有的东西没有区别的东西。

战略合作伙伴

在价值连续体的最右边，你会发现一些公司通过提供最高的价格在市场中竞争，但却能用他们的建议、推荐和对客户的承诺为客户创造最大价值。虽然他们可能偶尔也会在执行或交付方面出现问题，但他们有足够的能力和利润来迅速解决这些问题。这种模式只有一个缺点：价格较高。有些客户很难在价格方面做出让步，有时是因为他们想要节约成本，有时是因为自己的交付模式无法负担这样的投资水平。在这种情况下，即使有高价值的模式客户也会选择其他公司的模式。

虽然我喜欢这种模式以及它产生战略结果的能力，但这类公司占据的市场份额较小，因为对于许多顾客和客户而言，只需要一个足够好的模式就够了。但对于某些关键的结果，这一模式不会令客户失望。如果你的公司没有采取这种模式，也不用担心；如果决策的形式不对，所有的模式都会让步，也会容易受到其他模式的影响。在价值连续体的左侧，最有说服力的问题是"为什么你会支付超出必要的价格？"而在连续体的右侧，这个问题就变成了"当你让你的客户失望时会发生什么？"。

双线作战

价格最低的模式主要与其右侧的模式（可扩展的商品）竞争，而价格最高的交付模式主要与它左侧的邻居（解决方案）竞争，因为右侧没有竞争对手。处于中间位置的两种模式，可扩展商品和解决方案，都在两条战线上作战。两侧都面临威胁：一种模式有诱人的低价；另一种模式则可以创造更高的价值。所以，销售人员认识到价格和成本之间的区别很重要，更重要的是用正确的术语来描述不同的模式。价格最低的模式并不是成本最低的模式：无论客户是否意识到，他们都会为供应商要求他们做出的所有让步买单。随着时间的推移，由于价格最高的模式无须做出任何让步，所以整体来看耗费的总成本最低。

　　无论哪种交付模式，总有一种方法可以把竞争对手定位在价值连续体的左侧，因为它要求让步。你也可以通过解释如果只需要一个足够好的模式足以创造更大的价值，就不需要负担额外的成本来攻击竞争对手。处于两种中间交付模式中的一种意味着执行恰到好处的金发姑娘策略 ❶，以太热或太冷为由来淘汰相邻的竞争对手。

两种让步的选择

　　客户总是被迫在更高的价格和更低的价值之间做出选择。一旦他们选择某种特定的模式，就意味着接受与新合作伙伴或供应商合作时将会遇到的所有问题和挑战。正如我们所看到的，更低的价格并不等于更低的成本。但是没有任何一位销售人员会阐明："虽然我们的价格是最低的，但我们经常会延迟送货，我们可能会发错货，客户的退货率也会随之升高。返工的成本也会更高，客服部门甚至可能还需要再雇几位员工。"相反，对于那些

---

❶　金发姑娘策略指出，凡事都必须有度，而不能超越极限，追求一种适度的原则。

提供高价模式的公司来说，他们的问题是没有办法隐藏自己的报价。对于许多采用这种模式的公司来说，他们唯一要求客户做出的真正让步就是收取更高的价格。收取了更高的费用，就意味着有充足的利润空间为客户提供更好的结果。

在客户做出购买决定之前是讨论这些让步的最佳时机。然而，大多数销售人员只介绍建议和定价，却从来不会定位他们的产品。此时便是采用我们惯用方法的好机会，"我知道一些您不知道的事情。我可以和您分享吗？"在销售拜访中，这个问题可以作为对话的开场白："您是否已经决定哪种交付模式能为您提供最好的结果？"或者换一种问法："您在考虑哪种不同的模式？"客户并不了解你的行业中有哪些不同的模式，通过向客户解释这些模式，并阐释这些模式的运作方式，便能缩小认知差距，实现信息平等，确保客户能够明智地做出选择，因为你已经向他们阐述了他们无法获得的信息。

买主的懊悔

通过对竞争对手进行三角定位，销售人员可以使客户认识到两件事。首先，他们可以根据自己的工作方式来区分他们的选择。其次，客户也意识到他们无法逃避每种模式强加给他们的选择。当客户错误地选择了一种价格较低且妥协并不明确的模式时，若无法选择正确的交付模式便会产生买主的懊悔。当客户意识到他们付了过高的价格且无法获得更高的价值时，会因缺乏信息而感到懊悔。价格或质量问题并不是买家懊悔的真正原因，信息差才是造成这种懊悔的根源。

当你的客户有懊悔的感觉时，很有可能是你卖给客户的东西对你和客户来说都是错误的交付模式。模式的局限性可能会导致客户失望。假如你遇到一位不满意的客户，希望获得比付出的成本价值更高的结果，证明你的投入和结果出现了偏差。当你使用价格最高、价值最高的模式时，没有实现你的承诺同样会导致投入和结果的偏差。虽然我对竞争资格持谨慎态度，但如果能认识到你传递价值的方式存在偏差并选择退出竞争，那么这也有其巨大的价值。当客户的期望高出他们能够投入的资金时，最简单的决定是放弃该客户。

讲授四种模式与领先定位

从最新的三角定位来看，你不仅领先于客户，还领先于你的竞争对手。最重要的是，你是你所在行业的专家，是能够通过帮助客户理解和仔细斟酌他们的决策，并改善其结果的专家。这种方法有助于构建意义，使客户了解在你的帮助下他们需要考虑哪些因素。在整个销售过程中，销售人员贯穿始终的核心原则是：销售对话才能创造真正的差异化。作为销售对话的一部分，三角策略能确保销售人员将自己的模式与竞争对手的模式区分开来。两家提供类似产品的公司，由于其所创造价值的性质、交付方式，以及它们在各自领域的竞争方式，可能会产生截然不同的结果。

总而言之，销售人员在与客户对话的过程中，首先要向客户解释自己行业中几种主要的交付模式，每种模式都有各自不同的优点和缺点。继而将自己定位在三角策略的顶端，在阐述各种模式的缺点之前，要先赞扬每种模式的优点，并详细说明客户选择每种模式后会经历什么样的挑战。相比于"什么让你夜不能寐？"这样的问题，你的客户此前似乎没有机会听到过"你是否已经对这四种交付模式做出选择？哪种交付模式最能帮助你实现现在所需要的结果？"这样的问题，所以这也就证明他们在这一领域必然处于落后的地位。同时，销售人员通过向客户讲授自己对每种模式的价值和它们的局限性的理解，来帮助客户占据领先地位。

在你所处的行业，可能有四种以上的交付模式，或者少于四种交付模式。若想贯彻三角策略，需要使用尽可能多的必要的模式，但也不是越多越好。大多数行业都存在这四种交付模式，在没有太多相似模式的情况下，要提供足够的差异化。销售人员成功实施这一策略的关键在于自己首先认识和理解不同的交付模式，在此基础上才能解释各个模式的优缺点。如果你不愿意阐释竞争模式的价值或自己的模式要求客户做出哪些让步，那么客户会认为你是一位缺乏诚意的经纪人。

三角策略的意义不仅在于证明你的模式最适合客户，还在于在各个模式的竞争中能够胜出。当销售人员能够客观地评估客户的选择，并向他们解释比赛规则时，你对于潜在客户的价值就会大大增加，你不再是一名参赛者，而是一名评论员和裁判。缺乏确定性的客户通过这种方式收获了大量的确定性，这种确定性不仅仅关乎客户的决策，并且关乎你是否适合帮助他们理解客户所处的行业。销售人员能够向客户讲授不同的模式、各自的优势、挑战以及该模式要求客户做出的让步，才是赢得客户业务的最佳人选。销售人员要凭借自己的领先地位成为辩论中的第三股力量。

第十一章

借助领先地位帮助客户
做出改变

经验者，吾之严师也，其先授吾以前车之鉴，方而后事之师。

——弗恩·劳（Vern Law）

我在纽约的时候接到主要客户打来的电话。他非常慌乱，语速很快，起初我几乎听不懂他在说什么。当时正值他所在公司的销售旺季，他们刚刚赢得了四位新的大客户。但在业务人员的配备上遇到了麻烦，所以高级领导团队飞来处理这个问题。我的客户说首席运营官希望我能和他们的团队碰面。我让他安排在上午11点开会，这样我正好可以搭乘下一班飞机从肯尼迪机场离开。

早在客户打这通电话之前，他们就已经遇到了这个问题。四年来，我一直在提醒地方领导和客户公司的高层领导，他们的运行方式注定会导致他们走向失败。虽然我不是占卜家，但能很明显地推断出他们将在第四季度面临失败的局面，因为第四季度是一年当中他们行业中劳动力最稀缺的时候。这家公司反复犯两个同样注定会损害其业务的错误。首先，他们的工资水平一直很低，低于市场平均水平。其次，他们对待我们帮助招募来的员工的方式非常糟糕。在一次离职面谈中，有位员工甚至形容他们的办公场所介于日托中心和最高安全级别的监狱之间。这并不是一种赞美。我姐姐提出了这样的一个观点："你可以对员工态度很差，或者你可以付给他们很低的薪水，但两者不能同时出现。"很明显，我的客户在这两个方面都存在短板并且不愿做出改变。

当我来到他们的办公场所时，我被领进了一间会议室，7位高层领导正在讨论他们的问题，直率、毫不留情的首席运营官正在一块巨大的白板上写下他们的问题。我发现他假装没看见我进入了会议室，这一举动是为了营造一种有利于他的氛围：尽管我应他的邀请飞去参加会议，但我必须等他。我试图隐藏我的微笑，他必须让人打电话请我过来，告诉他需要做什么来挽救这一季度的业绩和留住他的客户。毫无疑问，他处于落后地位。他知道，我也知道，会议室里的每个人都知道。当首席运营官写下又一个对改变公司命运毫无帮助的流行语时，他转向我，立即开始攻击我说："你们这周甚至连一位员工都没有帮我们招来。我们对此很失望，我希望你能告诉我接下来你打算怎么做。"

我回答说："我什么也帮不上。事实上，现在没人能帮得了你。不会有人愿意在贵公司工作，因为你们的工资太低了，已经低于市场水平的 25%。"

我的回答让他非常沮丧，于是他开始尝试另一种高压攻势。他怒气冲冲地走到我的座位，冲着我喊道："就在两个小时前，你的竞争对手也坐在同样的位置，告诉我们工资水平不是问题！"

我平静地反驳道："在过去的四天里，你合作的四家公司都没能为你招聘到任何一位员工。"

他仍然盛气凌人地问我："你是说他在说谎吗？"

我直视着他的眼睛："不，他只是怕你。"

会议室里顿时鸦雀无声，除了我和首席运营官，在座的所有人都感到不舒服。不过，几秒钟后，他就崩溃了，终于承认了自己的劣势："我们需要花多少钱才能招到我们需要的员工？"我给了他一个精确的数字，因为我知道他的劳动力费用永远不会出现在主导他决策的预算模型中。

所以，我们俩都不开心。他不想花这笔钱，我也很失望，因为我无法在他们公司的业务受损之前迫使他们做出必要的改变。并不是因为我没有尝试，而是因为我没有遵循制造确定性的顺序：我未能帮助客户创造出消极结果的确定性。公司和他们的领导人不做出改变的原因是他们没有意识到自己马上要经历这些后果。有些人去看了医生后，才发现自己没有好好照顾自己，于是才开始主动关注饮食和养生，想要改善自己的健康状况。也有一些人听到同样的建议，依旧没有任何行动，直到心脏病发作才终于重视医生的叮嘱。同理，你的一些客户和潜在客户关注了你的警告并听从了你的建议。然而，另一些则要等到失败后才会改变。

如果你期望这个故事有个美好的结局，恐怕我只能让你失望了。在接下来的几个星期里，我的客户的确设法雇用足够多的员工，但由于需求的人数过大，没有时间培训新进的员工，于是他们一个接一个地失去了四位新客户中的三位。两周后，这位难搞的客户把我和我的公司解雇了，我失去了一位价值600万美元的客户。这是一笔巨大的损失，但我遵守了布鲁姆的戒律："无论付出什么代价，都要说实话，即使会失去这笔买卖。"占据领先地位并不意味着销售人员可以被收买。

于我而言，这样的经历并不多，但我的确为真相付出了高昂的代价。幸运的是，因为其他客户在自己的业务受到损害之前做出了改变，所以这些事件对我的影响并不大。客户采纳了我给他们的建议，因此改善了自己的结果。我之所以要求我的客户按照自己的时间表做出改变，是因为如果他们不这样做，最终的结果往往取决于他们无法控制的力量。作为销售人员，即使他们抗拒做出任何改变，也必须在客户需要的时候帮助他们做出改变，因为推迟改变可能会使客户最终无法做出改变。

如何为客户提供真正的咨询建议

关于咨询方式的构成要素，众说纷纭。我认为，不只是简单地提出好的问题，尽管有必要提出好的问题，才能正确识别客户的需求并认识到他们需要采取什么样的措施来改善局面。咨询的一部分是利用商业智慧、情境知识（经验）和对客户需要做什么的认识。咨询并不是说不能采取高压策略，因为摒弃老派的方法并不能证明采取了咨询的方法。根据定义，"咨询"一词表示提供专业的意见和建议。这是一个很好的开始，但让我再介绍另一个测试，以此确定你的方法是否能够为客户提供真正的咨询建议："你的客户是否做出了改变？"

即使我成功赢得了交易，我也会持续向我的客户提供咨询，直到客户接受了我的建议，这样即便以后他们不再雇用我和我的公司，我也依旧发挥了咨询的作用。正如你所发现的那样，你取代了竞争对手并帮助客户放弃了旧的解决方案，但这并不意味着你为他们提供了真正的咨询建议。前文提到的我的那位难相处的客户，多年来一直拒绝我给出的建议，但这些建议却在其他客户中产生了共鸣，尤其是当他们在失去按照自己的意愿做出改变的机会的时候。

大多数落后的销售人员认为，他们的"解决方案"占据了为客户创造价值的绝大部分。但领先意味着，你的观念和行为表明解决方案只是你创造的价值中相对较小的一部分。在某些情况下，销售人员的"解决方案"实际上是所提供的咨询意见中最没有价值的部分，销售对话才占据了你所创造的大部分价值。

转身面对陌生的事物

销售人员能够帮助客户做出的最大改变往往是在其提供的解决方案之外。这些改变往往比其他因素更有助于客户取得更好的结果，但许多销售人员仍然认为，提供真正有价值的建议超出了他们的销售职责范畴。这就是所谓的"领先悖论"：客户往往认为他们可以通过更换供应商和解决方案来改善结果，而忽略了自己的糟糕表现。如果销售人员能够接受甚至是分享这种观念，那么当你因为客户拒绝改变而失败时，势必会被客户换掉。如果你的销售生涯中还没有这样的经验，也只是时间的问题。

与你合作的每位客户都会做一些阻碍自己取得更好的结果的事情，要么选择错误的做法，要么拒绝选择正确的做法。对于客户来说，他们想要改善结果，就必须做出改变。但这可能会造成一场紧张的对话，而领先意味着解决出现的危险。落后的销售人员担心指出客户在糟糕的业绩中所发挥的作用而激怒客户，但他们真正应该担心的是默许客户失败。领先意味着帮助客户认识到他们为了改善结果需要做出的所有改变，不只是更换供应商和解决方案。好的顾问会告诉你需要做什么。而软弱的顾问会默许你继续做一些伤害自己的事情，落后的地位只会让销售人员变得世故和迎合别人，而不会被客户尊重和信任。因为你决心帮助客户改善他们的结果，所以必须经历困难的对话，甚至是一些需要大量的外交手段来把握良好时机的对话。

在之前出版的书中，我曾写道："销售不是你对客户所做的事情。而是为了客户的利益，为客户做的和与客户一起做的事情。"当销售人员占据了领先的位置，就需要利用自己的专业知识帮助客户解决他们的问题、解决他们的挑战、改善他们的结果，甚至可能是挽救企业的生命。所以，对于那些想要做出真正的改变和想要做出一番成就的人来说，他们无法抗拒占据领先的位置。记住，销售人员认识客户时，客户就有不确定性，所以需要通过阐述后果的确定性强迫客户做出改变。一旦客户被迫做出改变，就会面临变化的不确定性。所以，销售人员需要帮助客户建立确定性，让他们确定自己有能力做出改变并且终将会成功，帮助他们实现更好的结果，从而促使客户做出改变。

解决更大的组织问题

客户面临实际问题和挑战而拒绝做出改变，是因为他们认为改变的风险大于当前问题可能造成的损害。销售人员了解到更大的组织挑战会阻止客户做出改变，可以借此解决他们真正关心的问题并改善自己的结果，而不仅仅是他们表面上的反对意见。客户没有理由向一个不懂言外之意或害怕解决阻碍变化的问题的人购买产品。但许多销售人员担心提出这些担忧可能会吓跑客户，更不用说主动解决这些问题。当落后的销售人员听到"现在不是时候"这句话时，通常会误解这句话的意思。客户做出这样的表达并不是提出反对意见，而是隐藏自己的担忧，所以销售人员必须与客户共同解决这个问题，确保客户能够继续发展。因此，作为销售人员，必须解决以下几个关键组织问题。

- **如果改变不起作用怎么办？** 当销售人员强迫客户做出重大改变时，实际是在要求客户与自己一起踏入未知的领域。即使"领先"方法已经让你走到了这一步，也仍然要做好准备来应对客户可能会担心的失败。避免就此进行对话的落后决定可能会导致客户越接近做出决策的时候就越发担心。而领先方法则会选择就此发起一场对话，讨论自己将如何确保客户取得成功。在销售对话的早期就该问题展开对话，可以确保销售人员有进行对话所需的时间，提供证据，并能创造共同前进的确定性。

- **如果事情因此变得更糟该怎么办？** 比面临困难的问题和挑战更糟糕的是让局面变得更糟的解决方案。任何已经做出改变的客户，如果发现自己面临更困难的问题和挑战，那么当你提出改变的建议时，他们的心态很可能是一朝被蛇咬，十年怕井绳。若要解决这个担忧，需要销售人员解释产生更好结果所必经的步骤和阶段，或许还要阐述自己将如何减轻客户在获得更好结果的过程中可能遇到的常见问题。

- **如果你不支持我们怎么办？** 客户可能并不清楚局势发展到无法掌控的局面时你会在哪里。你会站在他们身边帮助他们实现你建议的改变，还是会消失得无影无踪？当销售人员解释自己将如何支持客户改变时，便能为客户创造确定性。

- **如果有人拒绝改变该怎么办？** 当不参与决策的人被卷入

即将发生的变化中，不管他们愿意与否，客户都有充分的理由担心他们中的一些人会拒绝做出改变。"共识是改变计划的必要环节"这一领先观点，可以让你领先于试图拒绝改变的人。在已经形成共识的销售中，销售人员可以这样说："我们认为我们的团队应该和贵方的领导再开一次会，确保我们都准备好应对任何可能引起你们团队关注的挑战。他们一定想要明确我们随时能够在此提供帮助。"如果你的团队承诺出现问题时会到场协助，客户的团队也会因此更愿意承诺做好自己的那部分工作。

当你做出决定的承诺时，需要首先解决三个问题："请允许我向您介绍我们的执行计划，展示我们将如何推进这项改变，以及我们在遇到任何问题时有什么样的应急响应。这是即将要与您紧密合作的团队。"

个人的担忧

个人决策者可能因为以下几个潜在的担忧而拒绝做出改变。销售人员需要与会议室里的几个人进行交谈，谨慎地化解这些担忧。

职位。一个担心失去职位的人通常不会直接告诉你，他们会因为任何严峻的挑战、问题或失败付出惨痛的代价。我很反感听到销售人员告诉潜在客户你们将成为"英雄"或"摇滚明星",这种表达只能吸引那些狂妄自大的客户。这种策略不仅不诚实,还可能会适得其反,客户会担心一旦情况恶化自己会面临何种处境。作为谈话中占据领先地位的人,销售人员最好解释一下你和你的公司将如何确保客户获得成功,包括为应对变化而导致的所有不可避免的问题所制订的应急计划。

责任或指责。任何追求重大或必要改变的利益相关者都可能会担心因为失败或改变带来的挑战而受到指责。一旦出现问题,这些人内心的真实想法是避免麻烦、责备或责任。有些人担心被指责,这种担心抑制了他们希望被认为是一个好的领导者或决策者的愿望。未解决的问题可能会导致客户失去、拖延或终止任何获得更好结果的机会。如果销售人员认为客户没有必要抱有任何的担忧,同样可能导致客户反对自己提出的对其成功至关重要的倡议。

客户之所以担心被指责,其中一个原因是以前落后的销售人员和销售组织在执行解决方案遇到问题时回避客户。你可以称之为"散兵坑问题",即当客户面临挑战时,他们需要你或你公司的某个人与他们一起站在散兵坑里,而不只是留下他们独自处理问题。所以,销售人员必须确保你和你的团队在客户出现问题时与客户共同解决问题。你可以说,"我们不会让您独自挣扎或失败。我们整个执行团队都会为您提供支持,提供您完成这项工作所需的一切资源"。不过，如果你这么承诺，就必须付出实际行动。占据领先地位也意味着在公司内部进行销售。

当你离决策越来越近时，就会发现顾虑越来越多。改变越重要，客户的担忧就越大。确定性序列的最后一步是要求销售人员创造足够的积极结果的确定性，从而克服由恐惧和怀疑形成的改变的自然阻力。虽然这本书的大部分内容都在讲关于被迫地做出改变，帮助客户做出正确的决定，为他们提供建议，并引导客户取得更好的结果，但解决客户的担忧才能有效地为客户创造积极结果的确定性。

通过确定性的视角来看待销售对话，可以缓解不确定性的意图和行为，并帮助客户取得更好的结果。提升确定性的关键不在于完全消除风险，而是让客户更容易克服风险继续前进。帮助客户建立改变的确定性，树立他们的主动性和对合作伙伴的信心，提升他们取得成功的信心，推动他们形成决策并与你成交。

如何介绍并提出自己的方案

传统的销售方法要求销售人员在第一次与客户会面时回答"为什么是我们"的问题，这种对话无法触及客户首要关心的问题，即你是否值得他们花费时间。下列所述的计划能够使销售人员展示和提出自己的提案，在销售对话证明了"为什么是我们"之后，要以一种有意义的方式解决这一问题。如果到目前为止你还没有证明你是正确的选择，那么说什么都不会改变客户的想法。

● **当前的状态。**销售人员最好根据客户当前的状态开始自己的介绍，即客户当前或未来可能会面临的糟糕结果。销售人员实际上是在提醒客户为什么他们需要改变，借此指出推动他们挑战的力量。或许你需要把前 8 张或 12 张阐述"为什么是我们"的幻灯片移到介绍的后面，这是它们应该出现的位置。此外，你还需要重新制作一套幻灯片来回答"为什么要改变？"。

● **未来的状态。**销售人员当前需要遵循的状态就是描述客户公司需要通过自己的帮助和指导创造更好的未来状态。最好用现在时将你的提案与实现未来状态联系起来，强调你和客户未来共同创造的主要成果。

● **你的提案。**在自己的陈述和提案的部分，销售人员要确切地描述自己和客户将如何实现未来的状态。根据你所销售的产品的复杂性以及你和客户需要做的事情，或许需要制定出一份项目计划书、一份时间表，或者用其他的方法描述双方应该完成哪些任务。

销售人员所销售的产品只能提供部分更好的结果，而另一部分则来自客户需要做出的改变。到目前为止，不太可能会有人直接告诉你，你的客户必须参与其中，承诺做出使他们能够共同创造出未来状态的改变。根据我的经验，当你的客户没有尽到他们的责任时，他们很可能会把糟糕的结果或失败归咎于销售人员。

● **为什么是我们?** 既然已经证明了"为什么是我们"，现在就可以解决这个问题，但可能不是通过你所认为的方式。你不需要创造信誉，而是要专注于创造确定性，这才是逻辑上的下一个步骤。当销售人员谈论自己的公司时，不要谈论经营了多久，而是要谈论如何获得经验来创造客户所需要的更好的结果。与其谈论公司的高层领导团队，不如谈谈为确保客户成功需要分配或获得哪些资源。当销售人员介绍自己所销售的产品时，需要解释自己的产品将如何有助于客户取得更好的结果，即自己的产品与客户必须做出的改变相结合，才能取得更好的结果。

回答利益相关者的问题

与你合作的利益相关者即便没有明确说明，也会对你提出的提案抱有疑问。所以，销售人员在设计自己的展示和提案时要能够解决以下几个问题。

这是不是正确的决定? 如果这笔订单仅仅是一笔交易，我们很容易就能做出决定。如果做出一个糟糕的决定不会带来真正或持久的负面影响，投入一点金钱和时间也并非什么大事。又或者说买的产品不起作用，重新选择另一款产品。然而，当客户很少做出此类的决策时，当失败会带来潜在的毁灭性的后果时，所增加的风险往往高于客户试图解决的问题。这就是复杂销售的本质，因此客户需要真正能够提供专业咨询建议的销售人员提供领先的帮助，帮助客户形成决策。

当结果对客户的业务至关重要时，决策者自然会担心做出改变。没有人愿意决定改变，但不改变会发现自己对新的、不同的挑战毫无准备。改变的责任还包括对改变结果的负责，无论结果是好是坏。即使客户有必要做出改变；但此时也不愿做出改变，其中一个原因就是他们不确定自己是否做出了正确的决定。

销售人员想要解决"当前状态"和"未来状态"的问题，就必须提醒客户目前为什么他们需要做出改变以及为什么这是正确的决定。

这是不是正确的答案？ 客户试图决定自己应该现在做出改变还是继续蒙混过关，其实也是在试图获得足够的信心做一些新的、不同的事情。客户一直问你："这样做是否可行？"是因为他们在问彼此同样的问题。缺乏确定性的潜在提案很难让客户做出改变。

如果解决方案能提供更高水平的确定性，能够有效提升客户对交易和更广泛的变化的确定性。与决策人员以及需要执行解决方案的人员建立共识是提高解决方案确定性的方式之一。快速完成或避开那些能带来确定性的对话，会打破不作为的平衡。你的回答越能够解决客户所面临的挑战，客户选择与你合作的概率就越大，也越容易勇敢地承担改变的风险。

销售人员可以通过自己的提案解决这个问题，通过提供确定性的结果来证明自己就是正确的答案。

我们能否执行并取得成功？ 客户参与的其中一项内部对话是他们能否执行你的解决方案，并做出他们正在追求的改变。对失败的恐惧是客户不愿做出改变的原因。任何对无法产生更好的结果的担忧很容易使客户不愿做出任何的改变。造成不确定性的一个错误是无法确切地解释客户需要做出哪些改变，即客户为了取得自己需要的结果应该完成的所有事情。

如果销售人员没有提出现实的计划或淡化挑战，似乎让人安心，但实际上可能会造成更大的不确定性。即使你不敢阐述客户必须做的工作以及必须克服的挑战，但这些对话表明你意识到了客户的风险，你已经做出分析，也有经验处理这些挑战，并且知道如何解决任何阻碍取得成功的问题。

"销售人员的提案"要提供给客户可以执行和成功的确定性。有时，销售人员需要提供更详细的细节来创造前进的确定性和信心。

你是不是合适的合作伙伴？ 你的潜在客户也在试图确定谁能够提供解决方案。当客户无法坚定地选择自己的伙伴时，他们需要做出改变，但仅靠正确的解决方案可能还不足以让客户做出改变。所以，销售人员必须通过销售对话来回答这个问题，通过建议和介绍的前三部分来提高客户的确定性，即介绍当前的状态、未来的状态，以及能够实现结果的提案。

如果你采纳了本书提出的建议，你会发现很容易向客户证明你是正确的合作伙伴，并引导客户取得更好的结果。如果你并未采纳本书的建议，那注定无法就自己的经历或客户将要做出的改变提供建议。

第十二章

给目前处于落后地位的
销售人员的几点建议

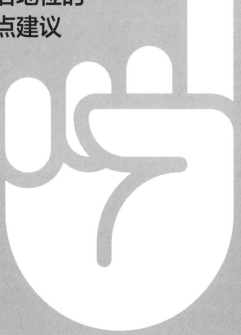

击剑的真正价值不在于击剑的技术。

——宫本武藏（Miyamoto Musashi），

《五环书》（*The Book of Five Rings*）

领先可能听起来令人胆怯，但请记住，任何处于领先地位的人，最开始时都处于落后的地位。若想占据领先地位，没有捷径可走：既不能买楼梯，也不能装楼梯，更不能靠作弊来占据领先地位。就像成功本身一样，需要你努力去实现。占据并保持领先地位所需要的能力水平意味着你必须努力使大多数竞争对手处于落后地位，使他们在争夺理想客户的业务时不会对你构成任何威胁。要占据领先地位怎能不付出努力！

落后的人如果不采取必要的行动占据领先地位，那将会一直落后。幸运的是，很大程度上，人能掌控自己投入自我发展和提升方法方面的时间和精力。如果你已经准备好为客户提供咨询、建议和推荐，本章的内容将帮助你开始积累相关的知识、经验和理解力。

起跑线：有意为之

销售人员在开始自己的领先之旅时，需要认识到领先的一项关键事实，以此激励自己自信地朝着你的目标前进。绝大多数的销售人员都没有占据领先地位，无论他们在销售行业工作了多少年。事实上，许多吹嘘自己长时间从事销售工作的人并没有意识到，他们实际上只是每年一遍又一遍地重复做着同样的工作。

虽然经验很重要，但只有那些愿意总结经验教训并灵活运用这些经验教训的人才能占据优势。这就不奇怪为什么有些人在整个职业生涯中都处于落后地位，而相对缺乏经验的人却可以占据领先地位。两者的区别在于目的性：销售人员必须积极地利用每一种见解、每一次体验和每一次互动使自己占据领先地位。每件事，尤其是你在销售过程中所犯的错误，都可以也应该教会你如何能更好地销售。

如果你想占据领先地位，必须在几个领域都有主动性。如果你没有领先的打算，注定无法获得那些可能有助于你发展并提高能力的经验。在你工作的时候，必须专注于主动学习：分析并实施自己所有的工作，并在第二天（第二周、第二个月、第二个季度等）收获更好的结果。

每一次与客户互动、追求交易、获取机会或交易失败都会带来一个或多个教训。真正能让销售人员占据领先地位的是总结和回顾这些经验。有时候你难免会走过场，没有把自己的经验形成文字并回顾这些经验教训，也没有了解自己到底学到了什么东西。销售人员切忌只记录销售的结果，也要注意销售过程中自己所看到的、听到的、感受到的以及经历过的一切。只有主动采取这样的做法，才能发现别人发现不了的东西。

领先的思维方式

在我们开始部署和实践战略之前，销售人员也要养成领先的思维方式。你或许会发现这种思维方式的某些元素一开始会让你无所适从，但这种思维方式日后能够为你提供竞争优势。这些思维方式能够加速你的发展，快速超越那些停滞不前的人。

销售人员要对自己的发展负责

避免承担责任是落后的销售人员的常态。但个人和职业发展是领先思维的两大要素。因此，销售人员若想快速提升个人能力占据领先地位，必须完全掌控自己的个人和职业发展。在人的一生中，自己是创造理想结果的最伟大资产。但人无完人，每个人都需要为此付出一些额外的努力，或者是加倍努力。

客户通常只会投资那些投资自己的人。所以，销售人员不能等待你的公司、你的经理或任何人来投资你的发展。我多年来养成了投资自己的习惯，即使是在办公室之外。当我还是个玩摇滚的少年时，即便自己很穷，依然会自己花钱找语音老师培训。在我 26 岁开始上大学时，为了能够继续全职工作，我每周有三个晚上要从晚上 6 点开始上课，上到 9 点。大学毕业后，我又继续攻读法学院，同样的日程安排又持续了 3 年。即便是现在，我依然要投入大量的时间和资源用于各类个人或职业发展的计划。

我之所以不断学习，其中一个原因就是我的专业和洞察力已经渗透到生活的方方面面。我相信，无论你是学习国际象棋、参加街舞课，还是学习画水彩画，除了学习课程本身，还会更加了解自己。

把所有的错误归咎于自己

最使人落后的思维方式就是：将自己的结果或处境归咎于外部因素。当你的自我为你的失败或所面临的困境找原因时，会有无数种方法使自己免除责任。自我所认为的理由，不仅会扭曲你对现实的看法，还会阻碍你的成长，因为它阻止你从经验中吸取教训，尤其是那些消极的经历会教会你如何避免重蹈覆辙。

如果你认为自己失去了这笔交易，只是因为竞争对手给客户的价格更低，这种想法不会让你意识到自己需要使用三角策略。你如何让客户相信你的策略"足够好"，足以解决他的问题？只有认识到自己没有做足工作帮助客户理解自己的交付模式有哪些不同以及竞争对手的交付模式实际要求客户做出了哪些让步，这样才有可能采取一些不同的做法。一旦你的竞争对手无法靠低价赢得客户，你便有了一个数据点，可以让你更好地向客户阐述：在你的行业中，低价并不意味着更低的风险。

找借口只会让你更长久地陷入落后的位置。只有对自己的生活和结果的方方面面负起绝对的责任，才会发现自己正在朝着领先的方向前进。只有把所有的错误归咎于自己，才会在发现教训时努力做出改变。

好奇心不会害死猫

你或许生性好奇。有些人渴望了解我们的世界。十几岁的时候，我拼命地想从高中退学。我喜欢学习，但在我就读的第二所高中几乎无法实现这一点。我就读的第一所高中可能更有益于学习，但我十三岁时就开始不受管束。我在这两所学校待的时间都不长，但我依然读书，接受了许多只能在社会上获得的教育。即便没有申请到常春藤联盟的学校（或任何一所大学）也没关系，还有其他的机会可以接受教育。

领先意味着锻炼自己的好奇心去理解客户。任何试图帮助他人做出更好的决定和提高他们结果的人都应该很好地理解他们所传授的内容。好奇心即是理解的欲望。如果你没有足够的好奇心和勤奋去透彻地学习，并将你的理解传授给客户，那你就不可能成为一个意义构建者。

精进自己的技术

领先和落后之间的其中一项区别在于各自对技术的掌控程度。落后的人很可能会"全心投入"学习一项新的技能，他们会购买大量的书籍、学习课程、专业的装备，尽其所能让自己看起来更加专业。但他们从不打开书本，更不用说去实践他们所学到的东西。他们可能会去上课，但从不付出进步所需的努力。想象着自己已经掌握了所需的技能。

那些在任何艺术、工艺或职业中寻求领先优势的人都需要努力提高自己的技能。他们不只会阅读书籍和参加课程，还把自己的所学应用于工作之中，以此来改变他们的战略、战术、理念和行为。正如乔治·伦纳德（George Leonard）在精彩的口袋书《如何把事情做到最好》中所写的那样，那些能够精通某样东西的人往往比其他人都更为踏实。他们也会经历停滞期，在这段时间里，即便做了大量的工作也没有得到任何的改善。但最终，他们都会实现突破和升级。

伦纳德把落后的学习者称为"半吊子"，但我更喜欢称他们为"装腔作态的人"，这是我玩摇滚乐时的一个术语。我不知道有多少人会留长发，拿起"斧头"（从来不会叫它吉他），拼命地想让自己看起来更像是一位乐队成员，但他们甚至连和弦都弹不出来。所以，销售人员切忌把自己变成"半吊子"，无论你做什么，如果你想要领先，那你都必须达到精通的水平。

不耐烦的耐心

精通需要时间。对于销售人员而言，他们需要的是迫不及待行动的渴望，但同时要有耐心去实现自己的结果。颠倒这个顺序就无法达到精通的水平。延后采取行动会减慢你的发展速度，进而导致你需要花更多的时间来获得改善结果所需的经验。对结果缺乏耐心可能会导致你在完成足够的工作之前，在努力一段时间到达某个阶段后就会半途而废。现实就是如此：你很难衡量你每天或每周所获得的微小的增量收益。例如，在与客户对话的过程中，你甚至不会意识到自己已经得到了进步。但是每天进步一点，一整年加起来进步的程度将会超出你的想象。

我曾经练习过合气道。合气道是一种日本武术，练起来非常困难，技术也很复杂。练了一年之后，尽管我能和最好的武术家练习，但我还是对自己没有进步感到沮丧。直到开始学习新课程，我才看到了自己的进步，感觉自己比新学员熟练不少。我不应该把自己与那些训练我的老师相比，而应该与那些实际上与我竞争的学生比较。做好眼前的工作，别太担心其他的事。你一定会进步的。

组织自己的洞察力

每一次体验都给你提供了一个机会，去了解自己、自己的世界、客户、客户的行业，以及如何在销售对话中改善客户的体验。对于那些想要获得经验教训的人来说，总会有新的教训和课程需要学习。但是，只有在你回顾和组织自己的经验教训时，才能收获经验带来的洞察力。

本章后续的内容将介绍加速发展的策略和方法，帮助你迅速取得领先地位。与此相关的实践也能很好地服务于你的销售生涯，以及你生活的其他领域。领先是一个只有开始没有结束的过程。

广泛阅读，持之以恒

只要你的兴趣能驱使你学习更多知识，更好地理解知识，你便能占据领先地位。阅读是获得领先优势长久有效的方式。花费27美元，6个小时的时间，并愿意将所学付诸实践，你就能获得与花了一生大部分时间学习的人获得的相同的知识。

在此我想推荐两个阅读习惯，帮助你更快地超越别人。首先，养成睡前阅读一小时的习惯。拿起一本精装书和一支铅笔，然后在你读到吸引你注意力的内容上做标记。第二，在第二天的某个时候，用你自己的话复习并重写这些文章。坚持阅读并写下你认为有用的东西会加快你的进步速度。

经典文学最能教会你所需要理解的东西：人类。但你也需要阅读任何能使自己感兴趣的东西，来满足自己的好奇心。

像学徒一样做事

几百年前，大多数家庭会把孩子送去当学徒。但当学徒不是一段愉快的经历，为了学习技能养活自己和家人，这些孩子们在没有薪水的情况下依然要甘愿忍受师傅的支配。这是一种真正的能力转移。当然我并不是建议销售人员转行去和当地的铁匠一起工作，分文不取，我只是建议销售人员应该像个学徒一样去做事。

鉴于你想要获得能够让自己占据领先地位的复杂能力，所以要向其他已经领先的人学习，找到可以模仿和学习的例子。虽然请求同事同意你加入他们的销售拜访可能看起来会打扰他们，但这实际上是一种提高自身能力的聪明做法。作为回报，你可以担任销售拜访的记录员，为同事做笔记，并总结同事提出的所有问题以及客户的回答。其中也隐藏着一点自私的动机，这些笔记能够加速你的发展。向领先的销售人员学习，解释他们为什么会提出这些问题以及客户为何会给出这样的回答，借此学习他们的思维方式和工作方式。

学习武术

你会发现，做销售工作会面临许多冲突，此处的冲突并不是那种需要你保护自己免受暴力的冲突。学习武术不仅会让你体会到一种受控的身体力量，还能学习两项重要的技能。

首先，你会更加自律。人很难学会自律，但一旦练就了自律的品质会使一切都变得容易。其次，你不会再害怕冲突。对于销售人员而言，最重要的就是尊重客户，但这并不意味着应该害怕他们或避免造成冲突。你必须能对客户说不，必须告诉他们坏消息，但销售人员需要从领先的立场介入任何必要的冲突。

记录自己的经历

记录自己的经历是占据领先位置最有效的方式之一。记录自己的经历能够强有力地推动个人发展。我的一位朋友是禅师。有一天吃晚饭时，他告诉我，有一位伟大的禅师从不打坐，却从记录自己的想法和回顾自己的经历中受益良多。记录自己的经历能够让你客观地看待自己的主观经历。

也有很多非常好用的记笔记的软件可以供你记录自己的经历，这些经历能教会你关于自己、客户或你的行业的知识。随着经验的积累，在你回顾过去的经历时，会发现一些自己在缺乏经验时无法感知到的东西。每天只需花费 20 分钟，便能更好地理解自己的经历，以及如何利用经验来更好地帮助客户摆脱他们的落后地位。

开始写决策日志

虽然很难保持这一习惯，但我发现这样非常有助于销售人员占据领先地位，尤其是建立对自己的建议和推荐的信心。这就是决策日志所起的作用。每当你要做出某个重要的决定时，写下你的选择，并解释为什么你认为这是正确的决定。之后，记录决定的结果是对还是错。

随着时间的推移，你会感受到"二阶效应"，即并非这一习惯所带来的直接效应，而是随之而来的后续效果。当你做出更多的决定来创造和赢得新客户和新机会时，即便自己做了大量糟糕的决定，但思维方式也会有所改善。你可以把这些记录在当前的日志中和下一本日志一起保存。

预测日志

另一种提升领先地位的方法是：写下你相信在某个领域会发生什么及其原因。当你获得了一定的知识、经验和见解后，便能通过衡量自己的结果预测可能发生的事情，来帮助自己更好地思考。我擅长预测未来，因为我很少做预测并且只在我领先的领域做预测。而在我落后的领域，我习惯学习别人的预测。

以我的经验为指导，如果你遗漏、误解了某些信息，或者过于激进或乐观从而导致错过时间线，你大概率无法做出正确的预测。预测未来的最佳策略是回顾人类过去的行为方式。

获得所从事领域的专业知识

只有当你成为所在领域的专家，才能给出真正有用的咨询建议并占据领先地位。学习某些专业知识需要花费一定的时间，但你可以通过努力学习需要了解的知识加快进度。我现在依然可以说出当前劳动力市场的所有主要数据，这是我通过每周阅读和收听这些数据养成的习惯。我还可以说出一堆关于 B2B 销售的数据和引文。

我认为这些数据就像家里墙上挂外套或车钥匙的钩子。随着统计数据的变化，我会用新数据替换旧数据，借此快速地了解行业的最新动态。虽然引导客户浏览写满了自己的观点和支持数据的幻灯片也能给客户留下深刻的印象，但如果你能够凭记忆介绍数据和观点，就会对客户产生更大的影响。这就好像是在变魔术，特别是当你能够把自己的见解和支持数据融入所有的对话之中。

本书已经接近尾声。所以我想要提醒你，接下来将要介绍的三种做法，比大多数销售人员所尝试过的任何方法都更困难，但却是最有效的方法。如果你有能力成就更大的事业，那就没有理由止步于此。

请求客户教你

落后的销售人员不会问客户关于他们的业务或行业的问题（"什么事让你夜不能寐？"这样的问题并不算数），担心客户会因为他们不知道一些事情而被客户瞧不起。无知并不可耻，它仅仅意味着你缺乏具体的知识或认识，但屈服于这种恐惧会延长你的无知。任何拥有你所缺乏的知识或认知的人，在他们接受与此相关的教育之前，或者更有可能是在别人教育他们之前，都和你一样无知。客户帮助你了解行业的相关知识，能够帮助你摆脱落后地位，占据领先优势。

例如，最近一次与客户谈判时，我遇到了一个合同问题，这个问题可能会终止我们潜在的交易。当我解释我在冲突中的立场时，我反复考虑了我能做什么，不能做什么。客户的律师说："我们有在这种情况下所用的表述。我过后会发给你。"我甚至不知道这种表述的存在，也不知道它早已被广泛用于达成协议。从那以后，我用这样的表述谈了另外八份合同。

在本书前面的章节中，你已经知道自己和客户都是既有领先地位也有落后地位的情况。当你处于领先地位而客户处于落后地位时，你所掌握的知识能够帮助他们提高自身的地位。但反过来依然成立。当客户处于领先地位，而你处于落后地位时，他们所掌握的知识能够创造机会使你占据领先地位。此外，我还想要提醒你，你既不是万事通，也不是一个一无所知的人。所以，你最好成为一个"对某件事非常了解"的人。任何人，包括你自己，都不应该期望自己能知道一切。

获取视角、构建意义

有些人的世界观不是你所见过的。他们写书，录播客，运营自媒体频道，与他人分享自己的观点，帮助他们理解这个世界。你也必须拥有一些视角，通过这些视角了解自己的世界，继而才能为客户提供同样的服务。所以，我只是想要先给你指明某个特定的方向，不会给你列出一份专门的名单。

你要找的是有深刻见解的人，他们有能力向你解释你的世界的某些部分，提高你发现事物的能力——通常对方不知道这个观点的存在。大多数人都没有足够的好奇心去了解他们的世界，更不用说教别人如何去理解自己的世界。若想提高自己透过不同视角看待事物的能力，其中一种方法就是拒绝这样的假设：与你有不同视角的人是因为和你有着本质上的不同。

开始教别人

有一类人会与他人分享他们觉得有趣和兴奋的事情，以此来烦扰他人。你可能至少偶然遇到过一位这样的人，可能当时他正站在办公桌的后面。若想提高自身的能力、占据领先地位，其中一种方法就是教别人，这是一种古老的学习方法。

教别人的前提是你对自己的知识有着足够的了解，才能将知识传授给别人。虽然这是一个很好的起点，但更好的、与领先更相关的是抓住每一个机会进行排练。练习销售对话的台词能够提高自己的自信，当和客户会面时也会因此提高自己的表现。

领先的课程

要发展自己的个性和专业，首先开始阅读《直效销售：卓越销售员的 17 个黄金法则》（*The Only Sales Guide You'll Ever*

Need）一书。这本书将介绍销售人员所需的能力模型，其中包括成功销售所需要的性格特征，以及 B2B 销售所需的技能清单。

发展领先优势的最佳机会蕴藏在销售对话中。你可以通过倾听和观察那些已经占据领先地位的销售人员来加快自己的发展。通过关注他们提出的问题和他们用于与客户对话的语言，学习他们的语言和方法。在这些场景中，你应该表现得像个学徒。

在与领先的销售人员相处了一段时间后，下一个你想要提高的领域便是自己的领先优势，让你能够敏捷地推进潜在客户的购买行为。如果你需要帮助，《成交之书：赢得客户承诺的十项法则》（*The Lost Art of Closing：Winning the 10 Commitments That Drive Sales*）一书中介绍了一个路线图，让你开始沿着这条道路前进。这也是你可以提供忠告、建议和推荐的第一个领域。你需要发展相关的技能和有效的语言来指导客户。所以，你需要花时间了解哪些承诺和对话能够使客户受益，以及他们需要从你这里得到哪些建议。

一旦你对销售场景中的销售对话有了一定的了解，就会想要开始通过自己的洞察力，帮助客户摆脱落后地位，帮助他们更好地了解他们的行业以及对未来的决定，以此来建立自己的领先地位。你可以把它当作一个研究项目，从采访领先的销售人员开始，帮助你识别客户所做的错误假设以及随即会引发的错误。但或许你需要用相反的顺序来揭示这些问题，首先询问存在哪些错误，其次看看是否可以对这些假设进行逆向操作。最后，你一定能总结出一份具体行动的清单，其中包括"从竞争对手那里以更低的价格购买"等，这些行为还不如"相信现在做事情的方式已经足够好"这样更宽泛的假设有用。

因此，你需要重新回顾第三章的内容，了解一些客户不知道的事情。客户无法轻易地通过网络搜索或者询问落后的竞争对手掌握自己所不了解的事情，销售人员需要通过解决此类问题来服务客户。

另一个需要销售人员投入时间和精力的地方是通过三角策略来改进自己的整体方法，这样便可以让客户了解他们即将做出的选择以及这些决定的影响。这样不仅能给客户提供帮助改善结果的领先洞察力，还能使你赢得客户的业务。

在个人发展的这一阶段中，你要准备好帮助客户提高对自己的认知。如果你还没有准备好改善的视角，那就不可能做到这一点。所以，正确的顺序是：

（1）了解销售对话。

（2）发现对话和承诺的路径。

（3）发展自己的洞察力并认识到差异的领域。

（4）了解如何向客户解释不同的交付模式。

（5）帮助客户提高对自己的认知。

自此之后，你可以开始主动地促使客户做出改变，这也正是领先方法与传统方法的不同之处。连那些过时的方法都表明，客户在你拜访他们之前已经感到"不满意"。这也是你在这一阶段无法向客户证明你足够"优秀"的原因之一，因为它表明你无法创造机会使他们避免出现传统方法带来的问题。

　　最后，我们还要谈谈意义构建和提供一个更具前瞻性的视角，这也会花费比你预期更多的精力和时间。并且与其他策略相比，它也会耗费更多的时间和精力。识别并获得帮助自己认识所处行业的视角是一项关键技能，但这项能力只能通过工作来获得，包括识别自己可能不同意的观点。做到这些领先便指日可待。

第十三章

秘密章节

人若赚得整个世界，却送掉生命，又有什么
益处呢？

有时候，采取更温和的方法并不能产生领先的结果。当这种情况发生时，就需要采用特殊的技巧。在某些情况下这些技巧对一些销售人员有效，但不能保证它们对你也有效，或者你可以在不毁掉交易的前提下来尝试这些技巧。

需要明确的是，基本的领先心态（"我知道一些你不知道的事情。我可以与你分享吗？"）并没有改变，本书一开始罗列的道德标准也没有改变。然而，有时候有必要直接向潜在客户表明他们处于落后的地位。有时候，你不得不直接指出你的客户缺乏知识、经验和理解，但这并不是在评价他们的智力或商业头脑。事实上，聪明会使人产生盲点。客户或潜在客户仅仅因为他们有一面墙的文凭和名字后面的几组字母，就会认为自己的知识比你更渊博。

举个例子。我投资的一家公司正在向市场推出一款产品，创造了纳米颗粒的新用途。当时，所有人都认为无法实现在塑料衬底上填满纳米颗粒并使电流通过。然而，两位创始人发现了一种方法实现了所有人都认为不可能的现象。他们与科学家交换了意见，科学家们也坚持认为他们的方法不可能实现。这些科学家现有的知识使他们对纳米颗粒的创新应用不感兴趣。

当创始人走进潜在客户的办公室时，他们手里拿着一小块塑料、两根电线和一个 12 伏的电池。他们首先邀请首席科学家把他们的手放在塑料块上，并解释说只要他们认为有必要，随时可以把手拿开。塑料块迅速加热，电线连接到电池后不到 15 秒的时间，所有参与这个小游戏的科学家都把手拿开了。发明者解释说，只要有少量的电流，就可以去除飞机机翼或风力涡轮机上的冰。在后一种情况下，还可以防止风力发电厂因冰块堆积而关闭，这种情况发生的概率超过了 30%。

即使没有科学家在演示过程中被烧伤，有时也有必要让客户在他们意识到危险之前感受到一些热量。有时，人都会过于执着于自己所相信的东西，以至于不愿意接受新的见解、新的信息和新的潜力。最好是在不用忍受无法接受新的信息而遭受痛苦的前提下，避免遭受任何的伤害。

所以，我提倡一种稍微更直接的方法。有些时候，这对于帮助客户远离伤害很有必要。

如何定位自己

在销售对话中，对于销售人员而言，重要的是要把自己定位成一个为客户做决定的最佳人选。如果你对这一观点感到怀疑，那是因为你还没有意识到，当你为客户提供咨询、建议和推荐时，客户最终做出的决定很大程度上是你替他们做出的决定。

销售人员希望以领先的身份出现在客户的办公室，把自己打造成一个拥有客户或利益相关者所缺乏的知识和经验的人。若想做到这一点而又不引发客户的抵触情绪，最好且最有效的方法之一就是从介绍执行简报开始，这样可以在不谈论自己的学位或资格证书的情况下依然能占据领先地位。相反，你要能证明你比客户更加了解所销售产品的知识和经验。

如果销售人员能够在销售对话之中用一些见解阐释客户所处的行业，便能证明你比他们的观点更准确和更完整。销售人员应该有能力在没有幻灯片的情况下滔滔不绝地说出所有的见解和数据，但切记要利用幻灯片展示你所阐述的数据和引文。以此证明自己做了一些客户还没有做过的功课。当你向潜在客户展示数据和来源时，也能更容易赢得客户的信任。销售人员的领先地位需要专家和他们发表的数据和意见来支撑。

这种方法有几个过时方法所没有的优点。首先，当你教客户时，客户正在向你学习。事实理应如此，因为在产生潜在客户所需要的更好结果方面，你是专家。其次，当你对客户的行业有一个比他们更清晰、更完整的认识时，你看起来、听起来、感觉起来都像一个比客户花费了更多心力的专家。

与客户和任何竞争对手相比，你会看起来更像一位专家。我一直所奉行的一个原则是，如果以后注定会出现问题，最好及早预防。你不想在建立了自己的领先优势的同时，却让客户误以为自己占据了领先地位。所以，客户等待你向他们传递知识和经验，帮助他们在与同行和你的竞争对手比较时能占据领先地位。

如何参与叙事争夺

销售人员都想要争夺主导地位。因为销售是有竞争性的，所以销售人员处于某种形式的叙事争夺之中。在党派政治中，我们经常会看到这种情况。福克斯新闻（Fox News）每天和微软全国广播公司（MSNBC）都在进行某种形式的斗争，双方都试图创造一种世界运行方式的主流叙事。但他们的听众都非常狭隘和同质化，以至于他们不会改变想法，仍然坚持认为他们的观点才是唯一现实的观点。

第十章介绍的三角策略旨在帮助客户更好地理解他们正在做的决定。但这一策略远比表面看起来的要复杂。虽然你教会了客户不同商业模式的存在，但同时也埋下了隐患，阻止竞争对手赢得本来有竞争力的交易。在这一过程中，你所做的工作实际上是阐述了一种能够击败竞争对手的叙事。

我与一位客户合作了几年之后，他们公司的办公室对一份全国性的合同进行招标。由于想要保住我公司的服务领域，所以我参与了他们公司的招标过程。我不惜一切代价尊重事实，诚实地回答问题，即便因愿意说出事实而失去交易也在所不惜，我不想靠说谎赢得交易，这会让我一晚上都睡不着觉。我是最后一个发言的人，这也是我一贯的要求，因为我想要一锤定音。我一个人开车去了芝加哥，一个人走进会场。我客户团队的 11 名成员围绕着一张巨大的会议桌依次而坐。

第一位发言的人要求我解释为什么我是唯一一个不同意他们招标书条款的人。我回答说，他们的工资低于市场水平，所以无法避免员工流失，没有人能满足他们的订单和时效要求。她接着指出，我所有的竞争对手都同意了他们的所有条款，他们不会撒谎。

我平静地向每个股东分发了我们的实际绩效分析报告，然后向他们解释为什么员工"没有出现"，以及我们需要多少时间才能招到他们需要的员工。当我的发言结束时，公司的律师指着我说："这是第一个坐在这个位置上诚实发言的人。"于是，我赢得了合同，几天后，人力资源部门的负责人让我帮助他们选择：在我们没有分公司的州，他们可以选择与哪家人力资源公司合作。

教客户关于你的行业的运作方式以及如何评估他们的决定，可以让客户有机会免受其他叙述的影响。例如，在那次会议之后，我告诉我的客户："任何说员工不会流失的人都是在撒谎。"我的几位竞争对手都踩到了这一雷区。

如何使客户意识到自己缺乏知识和经验

销售人员若想使客户意识到自己缺乏知识和经验，最有效的方法是问一些他们肯定无法回答的问题。这直接强调了他们的落后地位，所以销售人员必须提出正确的问题，使客户没有感觉到被冒犯，或者对你想要传授给他们的知识或经验产生抵触情绪。又或者，你也可以提问一些问题，你确定这些问题的答案会暗示客户需要改变，或者至少会给他们提供探索新事物的机会，因为这些问题也会让他们认识到他们自己的方法已经落后了。

请允许我提问你一个你可能很难回答的问题："你会提问哪些客户答不上来的问题？"你可以将以下几个示例问题应用到你所处的行业：

● 在过去的 12 个月里你做出了哪些改变？这些改变对你所取得的结果有多大贡献？

● 你是否知道你的竞争对手采取了哪些你认为足够有趣的新的探索方法？或者你对此一无所知？

● 你知道根据行业基础你的结果处于何种水平吗？如果不知道，你是否想看一份分析呢？

● 如果在未来几个月内执行了新的法规，你有哪些新举措来确保自己的盈利能力？

记住，这个游戏就是"我知道一些你不知道的事情"。当你提问这些问题的时候，无须感觉有必要立即给客户抛出一条救生索，只是强迫他们意识到自己正处于落后的地位。切忌用一堆客户回答不出来的问题质问他们，这是一种越界的举动。即使客户认识到你的优势地位，他们也可能会感到沮丧，进而去找其他人帮助他们改善结果。你只需要使他们意识到自己正处于落后地位，便可继续推进销售对话。

其他一些问题也会阐明令人不快的现实。这些问题暴露了客户的努力还有一定的差距，甚至可能存在疏忽。但也要警惕做出过激的举动。

● 您最近一次更新自己的标准操作程序是什么时候？如果有更好的方法，您是否有兴趣了解？

● 您有没有想过，这种低效率可能会让您付出多少成本？您能在多长的周期内从提高效率的投资中获得回报？

在这方面，并不是越多越好。一旦你帮助客户认识到你的领先地位，无须重复凸显自己的领先地位。其中的诀窍在于应尽可能用一个问题来彰显自己的领先地位，我刚刚问你"你会提问哪些客户答不上来的问题"就是对此的尝试。重要的是要记住，你只是在展示自己在知识和经验上的优势，这样才能帮助客户弥补相关的差距。

你并不是借此证明自己有多优秀，所以不要问这样的问题："我在耶鲁读 MBA 的时候认识你吗？"这样的问题虽然能够表明你知道一些客户所不知道的事情。但这并不能给他们带来希望，让他们觉得你可以帮助他们提高结果，反而会让他感到自卑，不管是在销售或其他任何情况下都不应该这么做。

如何控制销售对话

通过阅读前面的章节，你已经学习了如何处理招标书的问题，即打电话给发出招标书的人，然后告诉他们整体方法有问题，或者他们的问题已经过时，导致你无法为他们提供更好的方法来改善其结果。采用这种方法其实是在表达"我知道一些你不知道的事情"。

除了正式的提案请求，销售人员和客户经常也会争夺销售对话的主导权。这一环节所经历的冲突实际上是客户认为他们的工作流程比你的知识更为重要，包括你的优势、经验和你所拥有的关于如何更好地实现他们的目标和计划的策略。

销售人员抱怨说，在他们提出建议和报价后，潜在客户就消失不见了，这种情况并不少见。当被问及假如客户坐在那里一言不发，他们应该如何介绍并提出自己的建议，销售人员坦言他们会通过电子邮件发送建议和定价，但这实际上是放弃了对流程的控制，让潜在客户错失了本可以为其提供更多帮助的对话。你和客户都将因此遭受负面的结果，当你默许客户把这一过程视作是一笔交易时，也会因此失去交易，同时客户也没有得到你可能提供的最好的结果。

再次强调，任何时候你遇到问题，都需要在对话的早期主动采取行动。在销售对话中，销售人员可以提出一些能够暴露客户缺少信息和洞察力的问题。第一个问题需要产生一定的限制效果，但不会给客户造成压力。相反，它传递了这样一种信息：你非常熟悉客户的选择，可以避开不好的选择，能够直接选择更有效的方法："如果你想要探索现在正在考虑的改变，我可以和你分享对大多数人而言最有效的方法吗？"

当你要求分享有用的东西时，客户很难会拒绝，他们没有理由不去了解对自己有用的东西，也不会强迫你去做任何会引发危险的事情。但这个问题将你定位为最了解如何追求潜在客户需要的更好结果的人，所以他们自然会问你推荐哪些做法。借此，你的回答将对客户产生一定的约束作用：

> 最有效的方法是，我们就您所追求的结果以及如何处理导致糟糕结果的力量进行对话。随后我们将安排一次会议，参会的人员包括贵公司中需要参与探索有效方法的人、所有您需要他们支持的人，以及合同的签署人。借此，您会更加了解自己的想法，但目前还不是做决定的时候。作为我们服务流程的一部分，我们

希望制订一份计划，确保我们从您的团队获得所需的支持。在我们获得了您方的支持并解决了所有的问题之后，便能够为决策做好准备并继续前进。您认为这个过程中还需要补充什么环节吗？

到目前为止，你已经向客户介绍了最有效的方法，他们更难拒绝你。询问客户他们可能还需要什么帮助，便能够开启双方的合作，客户和他们的团队一定也会积极地参与协作。

一旦客户试图跳过销售对话中的某个步骤，那就注定会引发问题。有时他们意识到了改变的难度很大，不愿意独自探索做出改变，所以想要缩短对话，不再愿意和你进行深度高效的沟通。

"僵尸交易"这一术语是指那些实际已经丢失但看起来还有一丝希望的交易。几乎所有的销售渠道都存在这样的交易，但对销售人员业绩和预测来说是最不利的特征。大多数销售人员认为，客户在销售对话结束时决定改变，而没有意识到客户在销售对话的初期已经基本做出了决定。为了确保你能明智地利用时间，试着问客户："现在进行这种改变有意义吗？我们是否能获得时间、金钱和共识来帮助您改善结果？"

这个问题实际是在判断，你的客户是否肯定你们能够帮助他们摆脱目前的状态，实现更好的未来状态。无论你是否赢得了这笔交易，最好都要确保与客户进行了正确的对话。当他们说："我不确定现在是不是合适的时机"时，你可以问本书之前提到过的问题："根据您的时间表做出改变是否可行？如果被迫无法在最佳时间节点做出改变，您会有哪些担心？"

客户会有很多尽量避免谈论的话题。以下的几个例子，足以教会你应该如何表明客户缺乏相关的经验：

● 我非常乐意与您分享我们帮助客户改善结果的一些方法。我们调整做事方式来满足您的需求有多重要？

● 我理解获得团队的支持有多难。当他们因为被我们忽视而抵制做出改变时，我们该如何解决？我们该如何解释出现的任何失败？

● 增加支出并降低整体成本是否能让您得到更好的服务？还是说您认为价格是最重要的因素，即便低价的模式包含了一系列未向你披露的让步而导致成本进一步增加？

● 与您的团队一起讨论这个问题的确是个好主意。但我们要如何处理他们需要我们回答的问题和担忧？我担心如果他们得不到一个对他们有用的答案，他们可能就不会有 100% 的信心继续前进。

控制销售对话可以提高销售人员赢得交易的机会。如果跳过任何可能会伤害到所有参与者（你，你的潜在客户，你的公司，你潜在客户的公司，以及他们的客户或顾客）的对话，那么销售人员必然要尽自己所能来避免这种消极结果的出现。

如何与高层领导公平竞争

在从事销售行业的经历中，你通常会遇到两类高层领导。第一类领导虽然对一切都了如指掌，但无法接受新的信息，即使这些信息能使他们受益。第二类领导者是愿意学习的。鉴于拒绝新信息的领导者是销售人员面临的真正挑战，我们从这类领导开始说起。

在此我想介绍一种方法："对您来说，与同行业的其他公司竞争有多重要？您会考虑采取哪些措施追赶上那些已经改变了业务和业绩的竞争对手？"如果你更愿意提供一条挽回面子的退路（我非常偏好的选择），你可以说，"我确定您想与那些已经改变了业务和结果的竞争对手竞争。我能和您分享三个确保您能超越他们的计划吗？"

最重要的是，销售人员要意识到，高层领导通常会担心由于缺乏知识和理解而做出糟糕的决定。无所不知的领导者会假装他们已经知道了自己需要知道的一切，因为他们的自我不允许他们承认自己缺少信息和洞察力，这就是所谓的"冒名顶替综合征"。若想证明他们的落后地位，你只需提问："您对这方面的数据有什么看法？"这是一个非常尖锐的问题，因为它暴露了客户缺乏知识和经验的事实：缺乏数据以及缺乏有效分析数据的能力。

销售人员要谨慎使用这些方法，因为挑战无所不知的高级领导者的自我会让他们发现你的计谋。因此，你可以采用一种更柔和的方式来提出同样的问题，使客户成为受害者，就好像之前没有人与他们分享数据一样："有人向您展示过这些数据吗？它对您的结果意味着什么？"

自我从事销售工作以来，我发现消除领导者自我意识的最佳方法是对他们说："我相信您已经看到了这些数据，并得出了和我们相同的结论。也就是说，我们的工作方式不如以前那样有效了。"虽然我非常适应冲突，但有时直接的方法会产生对立冲突的效果。这个把戏可能会让你丢掉一份工作！

开明的领导者更加平易近人，因为他们已经知道他们还未掌握自己需要知道的一切。所以，他们会寻找专家帮助他们做出决定。大公司之所以聘请大型咨询公司，是希望向董事会展示咨询公司提供的价值 300 万美元的幻灯片，但这些幻灯片与咨询公司向其竞争对手和其他十几家公司提供的幻灯片没有什么区别。

为了公平竞争，你只需要确定自己占据了深思熟虑且以经验为基础的优势地位。你可以问客户这样一个问题："我能和您分享为什么我们认为这些观点很重要，以及我们认为客户应该做出哪些改变才能改善他们的结果吗？"

读完本书后，你所介绍的观点将包括以下几个方面：限制结果的力量、为什么客户必须改变、如何避免后果、客户应该做出哪些改变以及会产生哪些更好的结果。作为销售人员，你已经掌握了足够多的信息，并认识到高级领导对传统的销售并不感兴趣。

销售人员需要扮演客户的同行、专家，最重要的是作为一个能够分析并理解局势的人。此外，销售人员还必须有自己的观点，并且我认为应该是具有挑战性的观点。例如，我认为销售情况非常惨淡，我可以展示相关的数据来支持我的判断。你必须也能为潜在客户做同样的事情。

如何帮助客户避免做出错误的决定

世界上最难的事情就是阻止一个执迷不悟的客户做他认为正确的事情。如果销售人员知道这个决定会损害潜在客户，就必须向其展现可能会改变他们想法的洞察力。一旦他们下定决心做出某个决定，你就要努力将他们推向正确的方向。可以试试以下这种说法：

本季度我们刚开始合作的六位客户中，已经有四位做出了您正在考虑的决定。他们的决定不仅导致他们无法获得他们需要的结果，而且为了使这一决定发挥应有的作用，他们还浪费了大量的时间，投入了比预期更多的钱来挽救他们的计划。在您做出决定之前，是否想听听他们的故事？

其中的一个环节很微妙，它是确定性序列的一环，这种模式可以帮助客户理解为什么他们急需做出改变。我们简单回顾一下确定性序列的几个阶段：

（1）不确定性：客户不确定如何得到他们需要的结果。这也是你介入并引导客户完成其余序列的阶段。

（2）消极结果的确定性（阈值）：你需要清楚地表明，如果客户维持现状将遭受哪些后果。

（3）回归不确定性：客户因为感受到紧迫的压力，愈发感觉不知所措，他们担心任何改变都会让局面变得更糟。

（4）积极结果的确定性：在这个阶段，销售人员支持客户对如何做出看到积极结果的决定产生确定性。

你不想提及竞争对手以及他们的产品或服务，因为你不想让客户为失败负责。当从竞争对手那里夺走一位客户时，你需要帮助这家公司做出决定及应对后果。"考虑"这个词也不是一种偶然现象，而是创建一个紧急"制动"，客户可以在学习到足够的知识、更了解局势后再进行部署。

作为销售人员，你在这里应该担心的是：如果不能阻止客户做出错误的决定，那么一些决策者可能也不会承认你是正确的。

如何帮助那些拒绝学习的人

销售总是从"决策者"开始就是传统销售方法中的一个遗留问题。当这一策略发挥效力便能成功售出产品。不得不说，使用这种方法能够非常轻松、快速地售出产品。但如今，销售人员很难找到决策者，而是会找到一群对问题、解决方案或他们认为会产生最佳结果的合作伙伴持不同意见的人。根据我长期从事 B2B 销售的经验，我发现一些领导者和利益相关者总是出于各种原因拒绝学习。

有位客户打电话给我，想让我帮他们解决旺季销售的问题，但他们的财务问题使他们无法改变。另一些人拒绝改变，因为他们更愿意遵循自己一贯的做事方式。而还有一些人则认为他们的团队只是因为他们不想努力工作才会抱怨。面对这些情况，以下两种策略都相当有效，尽管发挥效力确实需要一定的时间。这两种方法取决于覆盖面和频率，也都更接近营销。

第一种方法是施加内部压力，让决策者知道自己需要知道的东西。当我向客户介绍情况时，职位较低的利益相关者也经常会参与讨论。他们经常会询问一些信息，我同意了这个要求，但没有意识到它可以教会决策者们需要学习的东西。作为负责产生结果的人，他们在内部对话中引用了我们的数据和信息。

我们甚至都未意识到，自己创造了与拒绝学习的领导者生活在同一空间的替身。对于一些公司来说，很难摆脱这种影响，他们的团队现在明白了问题的本质，并认识到他们的领导者应该对此负责。虽然我个人无法承受这种压力，但公司内部的人可以毫不留情地指出真相。随着时间的推移，这些公司最终做出了改变，通常是在他们知道自己需要改变很久之后。

第二种长期有效的方法是"无限滴注运动"。简单地说，我们现在所处的世界拥有丰富的数据。技术提供的信息超出了我们所能消化的能力，并且这一速度呈加快的趋势，所以我们不可能面面俱到。领导者、决策者、决策形成者和深思熟虑的人都在想方设法了解外部世界的最新动态。

"无限滴注运动"是始终不停地更新客户行业中的最新动态，每隔一两个星期发布的新信息都在不断鼓吹变革。频率是其中的一个关键因素，总是有新的故事和新的数据报告，所以不可能没有数据表明潜在客户需要在某些方面做出改变。这是另一种形式的叙事争夺，当你是唯一一个足够勤奋、足够聪明的人，在教导你的潜在客户时，即使是远距离的，也不会有人比你更能给客户留下深刻的印象。

新的开始

　　我总是在我的书中介绍示范语言和谈话记录。在本章中，我想用一些我此前警告过的不要越过的语言界限，因为这样做会带来巨大的风险，并且通常会让你付出远远超出失去交易的代价。到目前为止，你已经了解到跨越道德界限有多容易，一旦跨越道德界限便会改变你的工作在咨询销售中的性质。你不要羞辱你的潜在客户，而要分享自己的智慧。你不要试图向其施加压力，而要教他们一些对他们有益的东西。有趣的是，销售人员认为提出有效问题的能力是咨询方法的主要因素，因为他们知道，有很多销售人员通过提出问题有意让客户学到一些东西，而不是通过时刻提醒让客户明白自己刚刚提高了对自己的认识。

　　我出版的每一本书都试图让读者更了解现代的销售方法，为他们现有客户和潜在客户创造价值。我的第一本书《直效销售：卓越销售员的17个黄金法则》介绍了现代销售人员的能力模型，并为我之后的书籍和方法奠定了基础。《成交之书：赢得客户承诺的十项法则》阐述了一种销售对话的非线性观点。不幸的是，直到很久以后，我才将其归纳成一段有促进作用的、以需求为基础的购买行为。我在本书中也清晰地向销售人员传授如何领导客户。我的第三本书《成交：如何高效转化潜在客户》论述了取代竞争对手的问题，这是"窃取"客户的一种委婉说法。书中介绍了我提出的最古老、也是最有效的框架之一：4级价值创造。本书虽然没有介绍4级价值创造的内容，但体现了其中的精神内核。

销售人员学习了新的现代销售方法，也有了实用的、策略性的、可操作性的指导，能够帮助客户做出更好的决定，产生更好的结果。你可以利用自己在本书中学到的知识，即你的领先建议、推荐、咨询建议，以及最重要的是你的支持，帮助客户来改善他们的结果。